Dorothee Sölle
Fulbert Steffensky

Wider den Luxus der Hoffnungslosigkeit

HERDER / SPEKTRUM

Band 4257

Das Buch

Utopien sind in den letzten Jahren zusammengebrochen – aber ist damit auch die Hoffnung desavouiert? Dorothee Sölle und Fulbert Steffensky machen deutlich, daß die Hoffnungslosigkeit nicht das letzte Wort haben darf. Diese Haltung entspringt oft dem Zynismus einer müden Resignation, daß ja doch nichts zu ändern sei. Hoffnungslosigkeit ist aber Luxus von Menschen, die eigentlich alles haben, die den Druck nicht erleben, etwas an ihrem Leben, für die Gesellschaft, in der sie leben, verändern zu müssen. – Wider den Luxus der Hoffnungslosikgeit: dieser Ausdruck geht auf die lateinamerikanische Schriftstellerin Gioconda Belli zurück, die zeigt, daß sich bestimmte Menschen die Hoffnungslosigkeit ganz einfach nicht leisten können. Hoffnungslosigkeit hat auch etwas damit zu tun, die Würde der Menschen nicht mehr zu sehen. Dagegen hat Hoffnung, die konkrete Arbeit an der Verwirklichung von Visionen die Menschen im Blick, diejenigen, die leiden, denen Unrecht getan wird, die unsere Nächsten sind. Matthias Mettner hat mit beiden Autoren ein Gespräch geführt, das zentrale Aspekte unseres Lebens berührt: Wie gehen wir miteinander um? Und wo wird Hoffnung tatkräftig in die Wirklichkeit umgesetzt? Dorothee Sölle und Fulbert Steffensky berichten von eigenen Erfahrungen. Sie beschreiben ganz konkret, wo die Punkte liegen, an denen anzusetzen ist.

Die Autoren

Dorothee Sölle, Dr. phil., Publizistin, Lyrikerin. Von 1975 bis 1987 lehrte sie als Professorin am Union Theological Seminary in New York. Mitglied des PEN. Bei Herder/Spektrum: „Leiden" (Band 4215).

Fulbert Steffensky, Dr. theol., Professor für Religionspädagogik in Hamburg.

Der Herausgeber

Matthias Mettner, Theologe und Sozialwissenschaftler, als Mitglied der Leitung der Paulus-Akademie Zürich verantwortlich für den Programmbereich Theologie/Religion und Gesellschaft.

Dorothee Sölle
Fulbert Steffensky

Wider den Luxus der Hoffnungslosigkeit

Herausgegeben
von Matthias Mettner

Herder
Freiburg · Basel · Wien

Originalausgabe

Satz: Fotosetzerei G. Scheydecker, Freiburg im Breisgau
Druck und Einband: Freiburger Graphische Betriebe 1995
Umschlaggestaltung: Joseph Pölzelbauer
Umschlagmotiv: Odilon Redon, Die mystische Barke
ISBN 3-451-04257-6

Inhalt

Einleitung

„Man kann ja doch nichts machen", dieser Satz wird heute tausendfach gesagt, gedacht, empfunden. Angesichts der Flut von Unheilsnachrichten und Leidensgeschichten, mit denen wir täglich konfrontiert werden, nehmen Ohnmacht, Resignation und apathische Gleichgültigkeit – auch bei den „Menschen guten Willens" – zu. Sozialpsychologen diagnostizieren „Katastrophen-Müdigkeit", Feuilletonisten den Tod des utopischen Denkens, aufmerksame Zeitgenossen ein Krisen- und Elendsgewöhnungsdenken.

Die Sturzflut von Katastrophen- und Unheilsnachrichten über Hunger, Krieg, Gewalt, Ungerechtigkeit, soziale Konflikte und ökologische Krisenprozesse und Katastrophen erreicht uns täglich. Sie überfordert die Wahrnehmungs- und Verarbeitungsfähigkeit und läßt in den Köpfen, Herzen und Seelen ein Bild totaler Zerstörungsprozesse und Gewalt entstehen; mit fataler Konsequenz: „Statt unsere Lage als lebensgefährlich bedroht zu begreifen, reagieren wir wie viele Kleintiere, die dem tödlichen Räuber nicht mehr entrinnen können: Sie fangen an, sich zu putzen oder possierliche Gesten zu vollführen, als gäbe es die Gefahr nicht. Was als Groteske erscheint, ist in Wahrheit der hilflos-hilfreiche Versuch, totale Ohnmacht zu verdrängen" (Anton-Andreas Guha in der *Frankfurter Rundschau*).

„Man kann ja doch nichts machen", dieser Satz existiert auch in der zynischen Variante. Die zynischen „Alleswisser" wissen alles im voraus, sagen alles voraus und wissen, daß alles Tun ohnehin sinnlos und jeder ethische Impetus verlogen ist. Sie nehmen die Opfer der Gewalt und der „Modernisierung" nur voyeurhaft zur Kenntnis und verspotten die „Betroffenen", die sich ihren Glauben an die Kostbarkeit des Lebens und ihre Sehnsucht nach gesellschaftlicher Veränderung zu einem Mehr an Gerechtigkeit, Solidarität, Menschenwürde, Respekt vor der Mit-Welt, nicht austreiben lassen. Die Zyniker „machen deren Engagement, Gemütslage und oft hilflose Versuche, den großen Bedrohungen zu begegnen, einfach lächerlich – ob nun die Lichterketten, die Unterschriftenaktionen, die Zusammenschlüsse oder Experimente alternativen Lebens" (Friedrich Schorlemmer im *Tagesspiegel*).

Gegen die Versuchung des „Man-kann-ja-doch-nichts-Machen", dieser Selbstlähmung in Ratlosigkeit und Rezitation der Zukunftslosigkeit, behaupten Dorothee Sölle und Fulbert Steffensky die Einsicht: „Wir können uns den Luxus der Hoffnungslosigkeit nicht leisten! Wir müssen einen Zwiespalt in unsere eigene Hoffnungslosigkeit säen. Sich selber zu zementieren in den Unglücksrezitativen, das ist die Sprache des Unglaubens." In Zeiten „erhöhter Ansteckungsgefahr durch Gleichgültigkeit und Dummheit" (Milan Kundera), in einer Zeit zerstörter Utopien brauchen wir heilige Entrüstungen für das Leben und öffentlich inszenierte Auflärung über die Ursachen des Zustands dieser Welt. Vor allem aber brauchen wir Lebensbilder, Hoffnungsgeschichten, gute Worte und Träume, die von Erfahrungen des Lebens, der

Solidarität und Gerechtigkeit erzählen. Wie das tägliche Brot brauchen wir Hoffnungen, die unsere Phantasie zum Leben befreien und unsere Träume nähren. Gegen die Wahrnehmung all dessen, was ständig zerstört wird, versuchen Dorothee Sölle und Fulbert Steffensky die „Gegensprache der Hoffnung". Gegen lähmendes „Todeswissen" und eine hoffnungslose Fixierung auf Unheilsnachrichten, die in die resignative Anpassung an herrschende Gewaltverhältnisse führt und die Kräfte zur gesellschaftlichen Veränderung zerstört, erzählen sie Geschichten der Befreiung und Ermächtigung zum Leben, die provozieren, anstoßen und anstecken. Dies hat nichts mit Bagatellisierung und Verharmlosung der Realitäten, nichts mit „pausbäckigem Optimismus" (Johann Baptist Metz) zu tun, sondern mit dem biblischen „Realismus" der „offenen Augen" und der Lebenskompetenz des Reiches Gottes, der biblischen Vision einer Wirklichkeit der Heilung und Befreiung, Gerechtigkeit und Lebensfülle. Dorothee Sölle und Fulbert Steffensky übersetzen alte Bilder und Symbole jüdisch-christlicher Tradition neu, sie suchen in der eigenen Biographie nach Ansätzen, um die Hoffnung konkret zur Sprache zu bringen.

Dieses Buch geht auf ein öffentliches Gespräch zurück, das an der Paulus-Akademie Zürich stattgefunden hat.

Matthias Mettner

„Ich weiß nicht, worauf ich hoffen soll“

Mettner:

Welche Ereignisse, welche Begegnungen und Erfahrungen der letzten Zeit haben Ihnen besonders zugesetzt; Ereignisse oder Unheilsnachrichten, die Sie nicht im objektiven Sinn, aber persönlich subjektiv sehr getroffen haben? Erfahrungen, die wir in dem sich entwickelnden Deutschland und in Europa zur Zeit machen müssen?

Fulbert Steffensky:

Ich möchte eine kleine Szene erzählen. Wir waren vor einiger Zeit auf der Insel Rügen und haben einen alten Bauern getroffen, der lange in einer LPG (landwirtschaftliche Produktionsgenossenschaft) gearbeitet hat. Er kam jetzt immer noch auf „seine Felder" – wir wohnten in einer kleinen Fischerkate in der Nähe dieser Felder –, und er sah seine Felder verwahrlost, er sah den Weizen des vorigen Jahres noch da stehen. Er war arbeitslos geworden, er hatte seinen Traum vom Sozialismus verloren. Man kann sicher viel schrecklichere Dinge nennen aus der letzten Zeit. Aber es hat mich sehr berührt, daß ein alter Mensch seinen Raum verloren hat. Alt nenne *ich* ihn. Aber er war erst 54. Er wirkte so alt, weil er so zukunftslos war. Er hat gesagt: „Natürlich war sehr vieles schlecht, aber ich habe an den Sozialismus geglaubt, und es ist mir ein Traum verlorengegangen. Ich weiß jetzt gar nicht mehr, worauf ich hoffen soll." Diese Szene hat mich berührt. Vielleicht sprechen viele von uns den Satz des Bauern: „Ich weiß nicht, worauf ich hoffen soll."

Dorothee Sölle:

Mich haben die ausländerfeindlichen Ausschreitungen sehr getroffen, die in den Ereignissen von Rostock und von Lübeck schlimme Höhepunkte fanden –, und das Wiederaufstehen der Vergangenheit, von der gerade meine Generation gedacht hat, daß sie überwunden sei. Wir haben so etwas eigentlich nicht mehr für möglich gehalten. Wir haben viele Jahre unseres Lebens dafür gegeben, die „Unfähigkeit zu trauern" zu besiegen; Trauerarbeit anzufangen in einem nationalen Sinn. Die Erinnerung an das Vergangene niemals auslöschen zu lassen.

Wir stehen jetzt in einer neuen Situation, in der dieses neue Deutschland einen ungeheuren Machtzuwachs erhalten hat. Und für mich war eigentlich das Schrecklichste zu begreifen, daß die Leute, die Skinheads oder Jugendlichen, die in Sachsenhausen, in dem Konzentrationslager die jüdische Gedenkstätte vernichteten, ja nicht sehr viel anderes taten, als die Regierung und die Oppositionspartei, als diese versuchten, das Asylrecht zu ändern und damit einen wesentlichen Teil unseres Grundgesetzes zu demontieren. Also ganz oben und ganz unten sind Menschen damit beschäftigt, die Vergangenheit abzuschaffen. „Endlich endet die Nachkriegszeit", kann man an vielen Stellen lesen. Das hat auf der einen Seite sicher ein gutes Recht. Aber daß das Erbe, das in dieser Nachkriegszeit sich für meine Generation vielleicht am deutlichsten in diesem „Nie wieder Krieg – Nie wieder Faschismus!" ausgedrückt hat, jetzt relativiert und vergessen wird, das schmerzt mich. Mit dieser Relativierung und dem Vergessen der Vergangenheit hat es wohl auch zu tun, daß deutsche Truppen demnächst „out of area" eingesetzt werden können. D.h. sie werden nicht etwa eingesetzt, um das Vaterland zu verteidigen, sondern können auch aktiviert werden, um die Ressourcen der Ersten Welt zu verteidigen. Also das zu tun, wozu der Militarismus heute da ist. Das Zusammentreffen dieser beiden Ereignisse ganz oben bei den Verfassungshütern und ganz unten bei den Skinheads in der Abschaffung von Erinnerung, das finde ich das Schlimmste.

Mettner:

„Ich weiß nicht, worauf ich hoffen soll", dieser Satz des Bauern auf Rügen artikuliert eine Erfahrung, die heute viele Frauen und Männer der ehemaligen DDR, aber auch der alten BRD machen. Wir sind konfrontiert mit einer kollektiven Entwertung des gesamten Lebens in der alten DDR. Oskar Negt hat die „Treuhand" und die sogenannte „Gauck-Behörde" als „Abwertungs-Institutionen" bezeichnet, die wesentlich zu der aktuellen Misere in Deutschland beigetragen haben. Da wird einerseits, so Negt, von der Treuhand „eine stupide und ruinöse Privatisierungspolitik" betrieben, durch die ganze Regionen der Verödung preisgegeben wird, ganze Wirtschaftsregionen werden da „abgewikkelt", Arbeitsplätze massenhaft zerstört. Da wird andererseits durch die Gauck-Behörde und die Massenmedien jede / jeder, die oder der Kontakt mit den DDR-Institutionen hatte, mit dem „klebrigen Verdacht" des Stasi-Spitzels, des Stasi-Schergen, mit dem Verdacht des Verrats und der Denunziation belegt, ohne daß die Betroffenen Gelegenheit zur rechtsstaatlichen Auseinandersetzung mit diesen Vorwürfen erhalten. Die ehemaligen DDR-Menschen erleben dies als Entwertung ihrer eigenen Biographie, als totale Negativ-Bilanz. Welche Folgen sehen Sie, Herr Steffensky, in dieser kollektiven Entwertung des Lebens – individuell und kollektiv – der alten DDR, die ja fast immer identisch ist mit der vollständigen Diffamierung der Utopie des Sozialismus?

Steffensky:

Man darf ja nicht vergessen, daß es die Stasi und daß es Stasi-Schergen tatsächlich gegeben hat. In der Mitte des Sozialismus also hat sich ein kaum beschreibbares Potential von Inhumanität und Zerstörung eingenistet. Das zerstört für mich die Idee des Sozialismus nicht; ebenso wenig wie die Kreuzzüge und die Hexenverbrennungen die Idee des Christentums zerstören. Mich stört, daß wir Linken zu einer linken Selbstkritik so wenig fähig waren und sind. Ein guter Sozialist müßte der schärfste Sozialismuskritiker sein, wie ein guter

Christ der energischste Kirchenkritiker sein sollte. Wir haben zu wenig gefragt: Was ist wahr an den Berichten über die Zerstörungen in den und durch die real-existierenden Sozialismen? Wir haben eher taktisch gefragt: Wem dient diese Wahrheit und wer benützt sie? Ein taktisches Verhältnis zur Wahrheit zerstört aber die Wahrheitsfähigkeit.

Der Zusammenbruch der Sowjetunion und der DDR ist so wenig ein Einwand gegen die Idee des Sozialismus, wie er die Rechtfertigung des Kapitalismus ist, als die er in stummer Selbstverständlichkeit verstanden wird. Es gibt zwei Blicktrübungen, die in gleicher Weise gefährlich sind: daß man mit Sozialismus nur Stalinismus assoziieren kann und nicht mehr eine lange Geschichte menschlicher Befreiung mitdenkt. Die andere Dummheit: daß man hierzulande den Kapitalismus nur mit seiner gezähmten Form verbindet, die allerdings nur in wenigen Teilen Europas auftritt. Man denkt an die Bundesrepublik, an Holland und Dänemark. Aber schon mit einem Blick auf Süditalien und auf Schottland verliert die Gestalt des Kapitalismus ihre Harmlosigkeit, dies vollständig, wenn man auch die außereuropäischen kapitalistischen Länder mit einbezieht.

Mettner:

Frau Sölle, Sie haben auf Rostock hingewiesen. Rostock ist einer der Namen für Fremdenhaß und Rassismus, für Brandanschläge gegen Asylsuchende und Ausländer, für Mord und Todschlag, für zunehmende Gewalt gegen behinderte Kinder, Frauen und Männer. Die Attacken werden von rechtsextremistischen Horden durchgeführt, häufig aber unter den Augen, mit Billigung und unter dem Applaus von Teilen der Bevölkerung. Besonders erschütternd dabei ist, worauf Sie hingewiesen haben, daß Politiker diesen Haß gegen Asylsuchende für ihre politischen Ziele benutzen und damit faktisch nicht die Gewalt gegen Ausländer, sondern die Opfer selbst zum eigentlichen Problem der deutschen Gesellschaft machen. Die große Koalition zur de facto-Abschaffung des Rechts auf Asyl für politisch Verfolgte in der Verfassung der Bundesrepublik, offenbart ein krasses Defizit an Geschichtsbewußtsein, an Gedächtnis- und Erinnerungsfähigkeit. Sie verfällt damit selbst der Hysterie gegen Ausländer und macht damit die Ausländer zu Sündenböcken, „um von innergesellschaftlichen Konflikten abzulenken", so der Berufsverband Deutscher Psychologen e.V. / BDP. Welche Ursachen erkennen Sie in dem offensichtlich wachsenden Gewaltpotential? Suchen sich die diffusen Zukunftsängste vieler Menschen – wirtschaftliche Unsicherheit, ökologische Bedrohungen, u.a. – nach dem Wegfall äußerer Feindbilder im Osten jetzt ihr Ventil im Ausländerhaß? Wie ist die „Abschaffung von Erinnerung", von der Sie sprechen, möglich?

Sölle:

Erinnerung stirbt, wenn sie keine Nahrung hat, wenn sie nichts gilt, wenn es keinen Ort gibt, wo sie wohnen kann, keine Stelle, wo sie öffentlich geteilt wird. Sie verkümmert und geht ein an der totalen Privatisierung des Lebens. Die nicht mehr besuchte Frau im Altersheim kann ihre Erinnerung nicht teilen.

Ich habe vor kurzem eine Freundin in einer Rehaklinik besucht und nach einer Weile Gespräch schlug ich ihr vor, etwas zu tun, was sie liebt, nämlich gemeinsam zu singen. Wir fingen also an, uns singend zu erinnern. Nach kurzer Zeit kamen andere Patientinnen ins Zimmer. Das sei doch schön, das könnten sie doch auch noch. Es wurde ein kleines Fest, in dem die Beteiligten miteinander ein paar Schritte „nach innen" tun konnten, sich erinnern durften. Als sei es ihnen normalerweise verboten unter den Zwängen der elektronischen Alleinunterhalter!

Es hat in der Friedensbewegung ähnliche Erinnerungsarbeit gegeben, Gruppen haben alte Leute eingeladen, unter dem Motto „Opa, erzähl vom Krieg" in friedenspolitischer Absicht ihre Erfahrungen zu teilen. Aber indem die Innenwelt eingezäunt, beschnitten wird, keinen Raum mehr hat, verkümmert auch die Rolle der Memoria.

Die amerikanischen Prozeßtheologen haben einen schönen Lehrsatz aufgestellt: God is memory. Gott ist Gedächtnis. Und Gott stört! Er oder sie beunruhigt das Konsumtierchen, das wir werden sollen. Denn mit der Erinnerung an das, was Gott getan und verheißen hat – wie sie jeden Sonntag öffentlich im Gottesdienst gefeiert oder, wie man so schön sagt, „begangen" wurde –, stirbt ja auch ein anderer Bezug zur Gegenwart, ein kritisches Über-sie-hinaus-Fragen. Mit der Erinnerung stirbt auch die Zukunft.

Blamierte Utopien
und verkümmerte Visionen

Mettner:

Wir leben gesellschaftlich und kulturell in einer Zeit zerstörter, verbrauchter, blamierter Utopien und verkümmerter Visionen, so hat es Johann Baptist Metz diagnostiziert. Die Konservativen feiern den Kollaps des Sozialismus und des Kommunismus. Allerorten wird von der „Krise des Projekts Aufklärung" gesprochen. Nach dem Einsturz der Mauer und angesichts der ostdeutschen Bevölkerung, die sehnsüchtig nach dem westdeutschen Lebenstil verlangte, gerieten auch die Begriffe ins Wanken, die gegen den westlichen „way of life", gegen Raffgier, Konsummentalität und totalen Markt Opposition markierten und Utopien auf eine gerechtere Gesellschaftsform wachhielten: Begriffe und Wörter wie „internationale Solidarität", „soziale Verantwortung", „Recht auf Arbeit". Seit klar ist, daß die Europäische Gemeinschaft, die USA und die UNO das Massenmorden im ehemaligen Jugoslawien hilflos und handlungsunwillig hinnehmen, scheint für viele gar die Rede von den Menschenrechten endgültig als hohle Rhetorik entlarvt. Wir leben ja offensichtlich auch in einer Zeit der konsequenten Utopieverweigerung, der Utopiezerstörung. Geraten die großen Utopien nach 1945 – „Nie wieder Krieg" und die Durchsetzung der Menschenrechte zumindest in Europa – auf den Müll der Geschichte? Wie kann die Kraft solcher Utopien wiedergewonnen, wiederaktiviert werden?

Steffensky:

Die Träume gehen verloren. Wir sehen uns neuen Lebenslagen gegenüber, in denen Gedächtnislosigkeit und Traumlosigkeit zum Prinzip zu werden drohen. Gedächtnis und Traum hängen zusammen. Die Erinnerung daran, was Menschen angetan wurde, schärft die Träume und die Grundkenntnisse der menschlichen Welt, die kommen soll. Die Erinnerung ist die Triebkraft der Vision vom ganzen Leben (Ernst Bloch), und was kommen soll, entdecken wir wesentlich daran, was den Toten – also denen, die vor uns oder mit uns gelebt haben – angetan und was ihnen vorenthalten wurde. Es fällt mir schwer, mir eine Humanität vorzustellen, die nicht wesentlich Gedächtnis des Leidens und der Zerstörung ist.

Es gab einmal einen fast von allen angenommenen, einen verbindlichen Horizont: Eine Lesart von Geschichte und Welt, einen Normenkanon, welcher Solidarität, Achtung des Lebens und Gedächtnis der Toten gebot. Für Menschen war es selbstverständlich, normativ zu denken. Es gab Normen, die sich in Erzählungen, Begehungen und Bildern aufführten. Es gab humanistische, christliche und sozialistische Würdetraditionen, auf die man sich berufen konnte und vor der die Würdelosigkeit, die Ungerechtigkeit und das Vergessen es nicht ganz leicht hatten. Man konnte gegen diesen Kanon verstoßen, aber immerhin gab es ihn. Man mußte deswegen die eigene Würdelosigkeit kaschieren, entschuldigen oder leugnen.

Was aber, wenn in einer post-traditionalen und post-moralen Gesellschaft dieser Normenhorizont mit seinen Inhalten und Dramatisierungen selber zusammenbricht? Wir erleben im Augenblick den Zusammenbruch oder die Entwichtigung zweier großer Lesarten der Geschichte, des Sozialismus und des Christentums. Den Anteil dieser beiden Lesarten an den Beleidigungen des Lebens will ich nicht unterschlagen. Aber immerhin war es so, daß das Christentum den Christen immer wieder selber in den Weg trat; daß die Idee des Sozialismus wenigstens gelegentlich die Realität des Sozialismus störte. Rosa Luxemburg und Franz von Assisi konnten nie ganz verscharrt werden. Man hatte sie immer noch als Leiche im Keller, und gelegentlich gab es die Auferstehung der Toten. Es gab verpflichtende Texte, auch wenn sie noch so oft gefälscht wurden. Diese Texte befahlen, die Welt von den Opfern und von den Beleidigten her zu lesen. Was aber, wenn die Texte selbst verschwinden; wenn nichts mehr zu lesen ist?

Die Lesarten brechen nicht nur zusammen, sie werden bekämpft. Ich erinnere an das Buch von Joachim Fest „Der zerstörte Traum. Vom Ende des utopischen Zeitalters" (1991). Es ist zum neuen Kultbuch der Pragmatiker geworden. Die Träume vom Gelingen werden unter Terrorismusverdacht gestellt. Als geschichtliche Aufgabe wird eher die Absage an alles Ideenhaltige und an Visionen erklärt. Die Sehnsucht wird diskreditiert, und damit behält die Gegenwart Recht gegen die Idee von einem gerechteren Leben. Der neue Feind der Erinnerung könnte die ungestörte Heutigkeit der Subjekte werden: der traditionsfreie Mensch, der sich selber Horizont und Norm ist. Wenn die normativen Horizonte eingestürzt und die Bilder vom ganzen Leben verschwunden sind, braucht man sich nicht einmal mehr die Mühe des Kaschierens und Verdrängens zu machen. Man kann die Erinnerung kostenlos begraben. Es gibt auch eine Würdelosigkeit, in sich selber zu ruhen; des vergrabenen Gewissens und der ausgelöschten Träume. Und so wird die Aufgabe der Kirche dringlich: das Gedächtnis des Leidens und den Traum vom Gelingen lebendig zu halten.

Sölle:

Ohne Erinnerung keine Vision, ohne Vision kein Leben; wie die Bibel sagt: „Ein Volk ohne Vision geht zugrunde" (Sprüche 29, 18). Ohne Vision zu sein bedeutet so viel wie ohne messianische Hoffnung, ohne Gerechtigkeit und darum ohne Frieden zu sein. In diesem visionslosen Zustand ist es geradezu notwendig, das Elend möglichst unsichtbar zu machen, das Elend der zwei Drittel der Erdbevölkerung, das Elend neben uns, das Elend der Menschen in den reichen Industrieländern, denen das Recht auf Arbeit, Gesundheit und Behausung verkürzt oder genommen wird, und das Elend in uns, die psychische Verelendung.

Bei einer der Papstreisen wurde – ich glaube, es war in Kolumbien – ein ganzes Elendsviertel zuvor unsichtbar gemacht: die Leute wurden vertrieben,

Bulldozer standen bereit, ihre Papp- und Abfallhütten wurden niedergewalzt, die winzigen Beete, auf denen Frauen ein paar Tomaten gepflanzt hatten, eingeebnet. Seine Heiligkeit sollte von diesem Anblick verschont bleiben. Aber genauso ergeht es uns allen. Unsere Illustrierten, unser Fernsehen, unsere Werbung spiegeln eine glitzernde Konsumwelt. Die Schere zwischen den Verarmten und den sich Bereichernden öffnet sich immer weiter, es entsteht eine spirituelle Apartheid, in der die Opfer, die Verlierer nicht mehr gezeigt werden. Es wird auch kein Zusammenhang zwischen dem Luxus der Wenigen und dem anderen Opfer der grandiosen Entwicklung, der Erde, hergestellt – obwohl allgemein bekannt, was er ihr antut.

Die Kraft der Utopien kommt, so lehrt die Geschichte, von den Opfern, den Beschädigten. Theologisch ausgedrückt sind sie die Lieblingskinder Gottes. Unsere Hoffnungsarmut ist ein Ausdruck unserer Apartheid. Als Freunde und Freundinnen Gottes innerhalb der reichen Welt müßten wir die Lieblingskinder Gottes „erkennen" im biblischen Sinn des Wortes, der lautet: „sich vereinigen mit".

Mettner:

Wenn Sie vor dem Hintergrund der Erfahrungen Ihres Lebens und Ihrer Glaubensgeschichte heute die Auseinandersetzungen und Entwicklungen in der Theologie und in den gesellschaftlichen Bewegungen, in denen Sie mitstreiten, beobachten, was ist Ihnen da an zentralen Fragen oder Erfahrungen aufgegangen, bewußt geworden? An welcher Front arbeiten Sie heute?

Steffensky:

Ich sage einige Sätze zu meiner Biographie, um damit deutlich zu machen, an welcher Front wir arbeiten. Ich bin geboren an der Saar, wo man so selbstverständlich katholisch war, wie man atmet. Das war *die erste Kirche*, die ich erlebt habe: Sie hatte diese Eigenarten: Sie umschrieb eine rituelle Landschaft. Alles hatte seinen Segen, alles, was wichtig war, hatte seinen Spruch, alles hatte seine Gebärde. Es war ein soziales Gefüge, in dem der einzelne nicht allein war. Und weiter: Es gab ein allgemeines Wissen, wie man sich verhalten sollte, was man glauben sollte, welche Lebensoptionen man treffen sollte: manchmal war dies ein ziemlich gefährliches Wissen. Aber es gab ein Grundwissen für alle. Das war die erste Kirche, und die Arbeit in dieser Kirche war vor allem die Arbeit an den Menschenrechten, an der Freiheit des Subjektes, der Freiheit des Gewissens, der Befreiung der Sexualität.

Dann war ich lange in einem Benediktinerkloster. Das war *die zweite Kirche*, die ich erlebt habe. Auch sie war eine Landschaft. Es gab Rituale und Gesten, es gab eine Kontinuität. Aber diese Kirche hatte eine stärkere Lebensoption. Man wußte, warum man in dieses Kloster gegangen war. Auch dort war die Arbeit eine doppelte: Arbeit an den Menschenrechten und die Arbeit an dem Gedanken, daß die politischen Zustände einer Gesellschaft religiös bedeutungsvoll sind.

Die dritte Kirche, die ich jetzt in Hamburg erlebe, ist verschieden von diesen anderen Kirchen, und entsprechend ist eine andere Arbeit notwendig. *Sie ist eine undeutliche Kirche.* Die Leute leben allein. Sie wissen nicht, was sie glauben sollen. Es gibt keine Lehrer, keine Lehrerinnen mehr. Es ist kein allgemeines Wissen vorhanden, und es kann jeder denken, was er will. Es ist eine liberalistische Kirche, die wenig Optionen hat. Sie ist nicht mehr eingezwängt in ein starres Ritual. Bei uns kann der Pfarrer sonntags dreimal Kopfstand auf dem Altar machen. Wenn dadurch Leute kommen, ist das gut. Die neue Frage ist: Wie verbünden wir uns wieder mit einem Allgemeinen? Wie kann in einer Zeit, in der Deutungen des Lebens wie das Christentum zusammengebrochen sind, die Tradition als Sprache gegen die Banalität wieder lebendig werden? Was kann es heißen, daß ein Mensch nicht nur mit sich selbst alleine bleibt, sondern sich mit seinen Geschwistern verbindet? Was kann eine Lebensoption für diese Kirche sein? Ich sehe, daß ich die Geschichten, Bilder und Lieder der alten Tradtion wieder aufgreife, gegen die ich vorher skeptisch war. Plötzlich werden sie wieder wichtig in einer säkularisierten Landschaft, in der es keine Lebensgewißheiten mehr gibt.

„Ich kann ja sowieso nichts daran machen“

Sölle:

Ich habe in den letzten zwölf Jahren einen großen Teil meiner Zeit und Kraft in die europäische und manchmal auch die nordamerikanische Friedensbewegung gegeben. Es war eine der großen sozialen Bewegungen, die gegen das Wissen der Experten und die Überzeugungen der Ökonomen und der Politiker eine andere Stimme artikuliert haben. Und im Augenblick ist diese Bewegung, genau wie die Umweltbewegung und die Bewegung für Gerechtigkeit „so klein mit Hut", sie existiert fast überhaupt nicht mehr, sie ist fast unsichtbar geworden. Ich frage mich oft: Wo sind denn eigentlich alle unsere Freunde hin? Sie können ja nicht alle in irgendein Mäuseloch gezogen sein. Verzichten sie plötzlich auf öffentliches Auftreten? Glauben sie nicht mehr an ihre Wirksamkeit? Die Solidaritätsgruppen für Länder der Dritten Welt haben keinen Nachwuchs. Die ökologischen Probleme sind erkannt, es gibt eine weitverbreitete apokalyptische Stimmung. Die politischen Parteien flüchten sich in verbale Beteuerungen und meiden jede Konsequenzen – manchmal können sie sich zu einer Art von Schadensbegrenzung durchringen. Die Friedensbewegung steht wie ratlos vor dem Gemetzel in Jugoslawien. Das ist die gegenwärtige Realität der Hoffnungslosigkeit.

Ich denke, daß einer der atheistischsten Sätze der Gegenwart ist, wenn man sagt: „Ich kann ja sowieso nichts daran machen." Ich bin also überfallen von schrecklichen Bildern, furchtbaren Ereignissen, überall in der ganzen Welt gibt es Hunger, Kriege, Naturkatastrophen, Finanzkatastrophen, Elend. Und es gibt eigentlich keine Aussicht auf Besserung. „Und wir können nichts machen", wenn wir das sagen, dann unterwerfen wir uns dieser Wirklichkeit. Diese Ohnmacht, dieses Erlebnis der eigenen Ohnmacht, das halte ich für eine der tiefsten Formen gegenwärtiger Gottlosigkeit. Man kann Gott gar nicht präziser leugnen als mit dem Satz: „Wir können sowieso nichts daran machen." Damit haben wir Gott endgültig raus aus dem gesamten Bild unserer Wirklichkeit. Es gibt ihn eben nicht, und nicht nur das, in einem metaphysischen Sinn. Auch er oder sie arbeitet nicht, tut nichts, es passiert nichts. Gott ist kein Punkt, Alpha oder Omega, von dem man vielleicht ausgehen könnte. Das ist eine niederdrückende Erfahrung, unter der ich ebenso leide wie andere auch. Unter dieser Erfahrung ist es schwer, die eigenen Lebensoptionen in einer solchen Zeit der Hoffnungslosigkeit zu bewahren. Es ist merkwürdig, daß die Hoffnungslosigkeit uns heute in fideler, in einer „funny" Gestalt begegnet. Hoffnungslosigkeit ist ja keineswegs unbedingt depressiv, sondern sie kommt durchaus auch ganz munter daher. Sie wird aber als selbstverständlich vorausgesetzt. Manche reden vom Ende der Geschichte wie der Autor Francis Fukuyama und sagen, die Geschichte gehe eben nicht mehr weiter. Jetzt sei die Endstufe erreicht. Mit dieser Marktwirtschaft sei die ökonomische und das heißt auch die politische Entwicklung abgeschlossen. In der Tat scheint dieses Denken für den reichen weißen, heterosexuellen Mann auch folgerichtig. Nur der Rest der Menschheit bleibt ausgeschlossen. Diese Art zu denken, also von der Abgeschlossenheit der Geschichte auszugehen und die Zwänge, in denen wir leben, als unveränderbar darzustellen und sich aus der Geschichte in eine neue Ästhetisierung der Lebenswelt zurückzuziehen: Das bezeichnet ein Gesamtphänomen, das man unter den Begriff der Postmoderne faßt. Dieses Denken hat etwas ungeheuer Zerstörendes, meine ich, jedenfalls für Menschen, die sich in irgendeinem Stadium ihres Lebens auf Christus eingelassen haben.

Christus hat uns ja die Anteilhabe am Leben versprochen, unsere Beteiligung an der Schöpfung, an der Gerechtigkeit, am Reich Gottes. „Zur Freiheit seid ihr berufen", sagt Paulus – und: „Werdet nicht der Menschen Knechte!" Die Postmoderne tut so, als gebe es keine Knechtschaft: anything goes. Manche wollen eben sechs Stunden Fernsehen am Tag, und sie bekommen sie. Diese Menschen, und die, die das „anything goes" ermöglichen, haben sich bereits aus der Beteiligung, z.B. der Barmherzigkeit, des Friedenstiftens absentiert. Sie sind Zuschauer geworden statt zu partizipieren und zu fidel-ohnmächtigen Konsumenten geworden. Hoffnung setzt Beteiligung, Daran-Arbeiten voraus: „Schafft, daß ihr selig werdet mit Furcht und Zittern". Der Zuschauer hat nichts zu fürchten.

Steffensky:

Ich bekomme allmählich Lust, wenigstens für einen Augenblick die Stimmigkeit unserer Klagen zu durchbrechen. Reden wir uns nicht langsam in sauren Kitsch? Der Kapitalismus hat gesiegt, Visionen gehen verloren, Widerstand ist die Grundform des notwendigen Verhaltens! Wir können ja gleich weiter machen mit unseren schwarzen Visionen. Aber einen Augenblick könnten wir ja fragen, ob diese Untergänge nicht notwendig waren; ob in ihnen nicht ein Freiheitsmoment liegt.

Es kann keine neue Wahrheit entstehen ohne den Ruin des Falschen. Ich frage mich, ob es nicht eine Dämonisierung der Gegenwart gibt, die ebenso „Luxus der Hoffnungslosigkeit" ist wie der vergnügliche Fatalismus, den wir beklagen. Wieviel Blut und wieviel Korruption klebt an den alten Ideen, deren Untergang wir beklagen. Vielleicht mußten sie zusammenbrechen, damit sie neu entstehen und neu gedacht werden können.

Mettner:

Wir entwickeln eine zunehmende Hornhaut und „Verblüffungsfestigkeit", wie Metz gesagt hat, einen Unschuldswahn gegenüber den Katastrophen- und Unheilsnachrichten, den Leidensgeschichten anderer.

Mir kommt ein Satz von Hans-Joachim Iwand in den Sinn: „Der Glaube ist niemals eine Feststellung von Faktischem, sondern er ist immer eine

Entscheidung, wo die Wirklichkeit zu suchen ist." Für ihn ist selbstverständlich, daß diese andere Wirklichkeit die Wirklichkeit des Reiches Gottes ist, das allen Menschen ein Leben in Würde und Gerechtigkeit, ein Leben des Heils, ein „Leben in Fülle" verheißt. Wie können wir aus dieser Wirklichkeit leben? Was beinhaltet diese „Utopie" des Reiches Gottes? Was fordert sie von uns? Wozu ermutigt sie uns?

Sölle:

Mit einem großen Wort gesagt möchte ich antworten: Widerstand. Konkreter Widerstand wie der Widerstand gegen die Transrapidschwebebahn zwischen Hamburg und Berlin, Widerstand gegen die Rüstungsexporte, bei denen Deutschland zur Zeit die dritte Stelle in der Welt einnimmt. Widerstand ist ein europäisches Wort, das in neuerer Zeit in der Nazizeit wurzelt: résistance. Aber es hat viel ältere historische Wurzeln. So sind die in Frankreich als religiöse christliche Minderheit verfolgten Hugenotten ein Beispiel dieser Tradition. Die Hugenottin Marie Durand war 38 Jahre lang im „Tour de la Constance" in Aigues-Mortes eingesperrt und hat dort ihr „résistez!" in die Steine gekratzt.

Meine Erfahrung lehrt mich, daß Menschen, die an irgendeinem Punkt ihres Lebens in Formen des Widerstands, des Protests, der Verweigerung engagiert sind, den Luxus der Hoffnungslosigkeit überwunden haben. Ihre Hoffnungen sind kleiner, präziser geworden: daß überflüssige, umweltzerstörende Güter boykottiert und nicht blind gekauft werden. Daß wir alle an den neuen Formen des Widerstands, die wir miteinander entwickeln werden, partizipieren können, sei es im Protest oder im anderen Lebensstil.

Mettner:

Ich möchte noch einmal zurückkommen auf die depressive Hoffnungslosigkeit, von der auch Menschen guten Willens befallen sind. Der englische Denker Robert Burton hat das im Jahre 1621 in seinen Aufzeichnungen „Die Anatomie der Melancholie“ so formuliert: „Tagtäglich höre ich neueste Nachrichten und landläufige Gerüchte über Kriege, Seuchen, Feuer, Überschwemmungen, Morde und Massaker.“ Diese Flut der Unheilsnachrichten führt Robert Burton in die Krankheit der Melancholie, oder wie man heute sagen würde, in die Depression. Als entscheidenden Grund für diese Depression, für seine Schwermut, für seinen Weltschmerz erkennt Burton in seinem Fall und bei anderen Zeitgenossen darin, daß sie eine große Sensibilität haben, eine besondere Wachheit, mit der sie die gesellschaftlichen Vorgänge, Ereignisse, Unheilsnachrichten aufnehmen. Daß sie sich nichts mehr über den Zustand dieser Welt vormachen. Und auch nichts mehr vormachen wollen. Was Robert Burton 1621 formuliert hat, hat heute ganz andere Ausmaße. Wir sind heute konfrontiert mit einer Informationsflut des Leidens. Soviel und so perfekt waren wir noch nie über das Leiden dieser Welt informiert. Die Hoffnungslosigkeit hat sehr gute Gründe. Was bedeutet dies für die Psychen, die Seelen der Menschen? Wie wirkt sich das gesellschaftspolitisch aus?

Steffensky:

Wir sind in der Tat zugeschüttet mit Unglücksnachrichten, und ich glaube, daß man sich dabei vor falscher Existenzialität schützen muß. Ich sehe zum Beispiel, wie die BILD-Zeitung mit Unglücksnachrichten umgeht. Sie will mich zwingen, immer dabei zu sein: beim 127. Drogentoten zum Beispiel. Die Spritze liegt neben ihm. Ich höre das letzte Keuchen, ich sehe das Blut fließen.

Ich glaube, eine Form, die Hoffnung zu schützen, ist, sich einer solchen Unmittelbarkeit nicht auszusetzen. Man muß sich vor der Lähmung durch falsche Unmittelbarkeit schützen, nicht nur im Falle der BILD-Zeitung, auch im Fernsehen und bei vielen Journalen, die schreiben, als ob sie mit der Kamera arbeiteten, der Kamera, die keine Scham, keine Intimbereiche mehr respektiert.

Hier ist eine kühle Tugend notwendig, nämlich die der Analyse. Ich glaube nicht, daß ich im Ernst des Wortes mitleiden kann. Daß ich mich unmittelbar in eine solche Zerstörungssituation einfühlen kann. Das Mitleid erreicht den Einzelfall, nicht aber ein Gesamtunglück. Doch diese Tugend, einen Sachverhalt, seine Gründe, seine Strukturen zur Kenntnis zu nehmen, diese Tugend fände ich wichtig, um wirklich etwas zu erreichen.

Todeswissen und ritualisierte Hoffnungslosigkeit

Sölle:

Ich bin da etwas anderer Meinung. Ich glaube, daß die Analyse an dem Grab schaufelt, statt da irgendwelche Bäume zu pflanzen. Das ist für mich einer der schwierigsten Punkte. Die Informationsflut macht es, daß unser Wissen und unsere Analyse eigentlich zunehmend nur totes Wissen ist. Ich erinnere mich zum Beispiel an Tschernobyl und was in den Wochen danach geschah. Ich erinnere mich an einen Abend mit Bekannten, an dem das Gespräch so lief, daß jemand sagte, Haselnüsse haben so und soviel Becquerel, ein anderer bemerkte, daß Blaubeeren noch mehr haben, und wieder ein anderer: Salat kann man sowieso nicht essen. Jeder und jede trug damit etwas zum Todeswissen bei. Es waren alles präzise, richtige Erkenntnisse, die sich gegenseitig eskalierten. Das Wissen drückte den Tod aus und diente ihm. Es hatte keine befreiende Macht. Auf diesem Hintergrund erinnere ich mich an einen alten Satz aus der Arbeiterbewegung des vorigen Jahrhunderts. Da haben die Menschen, die vierzehn Stunden am Tag arbeiteten und sich dann noch politisch organisierten und lasen und sich bildeten, gesagt: „Wissen ist Macht." Es ist ein ungeheuer schöner, optimistischer Satz: Das Wissen hilft zur Überwindung der Misere: Du mußt die Zusammenhänge kennen, um frei zu werden. Heute habe ich oft das Gefühl, daß dieser Satz vollkommen widerrufen ist. Das Wissen der Massen verstrickt uns eigentlich immer mehr in den Tod. Das meine ich mit dem Satz „Wissen ist Todeswissen und hat keine befreiende Kraft". Wissen erscheint sogar oft als eine Art negativer Triumphalismus. In diesem Gespräch, an das ich mich erinnere, klang das oft fast so, als sagte eine der anderen, ja du weißt ja noch gar nicht, wie katastrophal es ist, es ist ja noch viel schlimmer als du denkst. so entsteht eine Konkurrenz im Todeswissen. Du bist ja noch naiv, wenn du das und das nicht auch noch zur Kenntnis genommen hast. Du hast ja dieses Land noch nicht berücksichtigt und jene Katastrophe nicht. Gerade wegen dieses Grundgefühls, das die Ohnmacht des Wissens bezeichnet, habe ich meine Sorgen gegenüber dem Wissen und dem Analysieren allein.

Steffensky:

Zugegeben! Ich hatte jedoch einen anderen Gegner im Auge: nämlich die Bannung der Wirklichkeit durch faule Unmittelbarkeit; die Lähmung durch Bilder, die mir den Zugang zum Mitleid nicht erschließen, sondern versperren. Aus dieser Bannung muß ich heraus; ich darf mich ihr erst gar nicht aussetzen, weil weder ich noch die Opfer davon etwas haben. Und deshalb plädiere ich für die kühle Tugend des Wissens. Das Wissen, auch das Unglückswissen, ist eine Voraussetzung dafür, überhaupt an den Zuständen arbeiten zu können. Ich stimme natürlich zu: Es gibt eine merkwürdige, ritualisierte Hoffnungslosigkeit unter uns. Ich glaube sogar, daß es eine Gefahr der Linken schlechtweg ist. Es ist eine ritualisierte Hoffnungslosigkeit, die vom sicheren Land aus zusieht und davon berichtet, wie die Schiffe verbrennen.

Existentiell verhält man sich dabei jedoch nicht hoffnungslos. Man ißt, man trinkt, man liebt, man lacht. In der Rede verhält man sich allerdings widerspruchsfrei apokalyptisch. So erfahre ich es manchmal auch in politischen Gottesdiensten, die aus Anhäufungen von Unglückszitaten bestehen. Vielleicht steckt sogar ein Stück Genüßlichkeit darin, jeweils zu zeigen, daß das Leben nicht gelingt, daß es nicht weitergeht; vielleicht auch ein Stück magischer Beschwörung: Man beredet das Unglück, um ihm zu entkommen. Analyse ist nicht genug; aber Analyse kühlt ab, auch eine falsche Hoffnungslosigkeit.

Mettner:

Ein hartes Wort: Todeswissen. Damit ist also die Kenntnis etwa über ökologische Zerstörungsprozesse, wie zum Beispiel Vergiftungsprozesse der Luft, der Nahrungsketten über längere Zeiträume auf den menschlichen Organismus wirken, gemeint. Kann dieses Wissen als Todeswissen bezeichnet werden, oder ist es nicht die allererste Voraussetzung, um etwas ändern zu können, um den öffentlichen Beschwichtigungs- und Verschleierungsformeln der Politiker, Unternehmer u. a. nicht auf den Leim zu gehen?

Wie verträgt es sich mit dem Satz, den ich bei Voltaire gelesen habe: „Wir erkennen und bekennen Gott, indem wir die Augen aufmachen"?

Steffensky:

Um bei dem Satz von Voltaire zu bleiben: die ritualisierte Hoffnungslosigkeit macht die Augen nicht auf. Sie hat vielmehr ein großes Interesse, die Zustände als stimmig zu erklären, als stimmig in ihrer Verfallenheit. Die Hoffnung wird dann dieser Stimmigkeit geopfert. Erst wenn ich die Augen aufmache, kann ich vielleicht die Widersprüchlichkeit der Sachverhalte erkennen und daran arbeiten. Das ist ein erster Schritt auf Hoffnung zu: Sachverhalte als widersprüchlich zu erkennen. Im Blick auf die Kirche kann das zum Beispiel heißen, nicht nur ihre Verfallenheit und die autoritären Strukturen zu bejammern, sondern zu fragen und zu sehen, was an neuen Kräften schon da ist. Wenn ich politisch die Hoffnung nicht aufgeben will, dann darf ich nicht nur die ausländerfeindlichen Ausschreitungen in Rostock und anderswo sehen, sondern ich muß zugleich sehen, was mehr, besser und anders ist. Ich muß fragen, welche Gegenkräfte gibt es und wie kann man sich mit ihnen verbünden? Das wäre eine Möglichkeit und eine Weise, an der Hoffnung zu arbeiten. Wenn ich den Begriff Todeswissen benutze, dann meine ich damit noch etwas anderes als Dorothee: Für mich bedeutet Todeswissen eher das Wissen darum, wie man die Welt allein unter der Hinsicht des eigenen Vorteils behandelt.

Das alte Weisheitswissen ist längst zurückgegangen. Was meine ich mit „Weisheitswissen"? Es ist ein Wissen, in dem man vorrangig weiß, was die Dinge *sind*, nicht nur wie man sie behandelt. Es ist ein Wissen von der Verbundenheit aller, und darin steckt ein Moment von Liebe. „Erkennen" ist ja eigentlich ein altes Wort, das früher die Liebesvereinigung meinte. Statt dessen ist nun eine andere Wissensform gewachsen: das macherische Wissen, das jägerhafte und zweckhafte Wissen. Man weiß, mit den Dingen umzugehen. Man weiß, wie man den Fluß zum Kanal macht; den Wald zum verkaufbaren Holz. Man weiß hauptsächlich, wie man etwas macht, wie man baut, wie man verkauft. Das nenne ich Todeswissen, in dem alles Lebendige uns benutzbar und zum Objekt wird. Und wenn unser Wissen hauptsächlich ein solches Behandlungswissen wird, dann stirbt die Hoffnung. Hoffnung ist darauf angewiesen, daß man verbunden ist – mit Menschen, mit der Natur, mit dem Zweig eines Baumes, mit dem Dunkel der Nacht und mit dem Gesang des Windes. Erst in dieser Verbundenheit können die Dinge – und auch die Menschen – uns etwas bedeuten und können wir Spuren des Sinnes in ihnen entdecken. Erst so bringt jedes Einzelne eine Kunde vom Ganzen.

Kultur der Erinnerung

Sölle:

Todeswissen bedeutet für mich nicht nur das in diesem Sinne wissenschaftliche Erkennen und die Kolonisierung der Erde durch die neuzeitliche Naturwissenschaft, die keinen Fleck unberührt und unpenetriert läßt. Todeswissen ist nicht nur die Herrschaft dieses patriarchalen Wissens. Sondern ich denke wirklich auch an uns als Rezipienten, als Menschen, die vielleicht lesen, aber nicht alles lesen können, nicht alles wissen können, die sich jedoch überschwemmt fühlen von negativen Nachrichten, die die Zerstörung der Welt mitteilen.

Fulbert hat oben gesagt, das sei eine linke Krankheit. Dies mag sein. Nur möchte ich mich für diese rechte Gesundheit herzlich bedanken, die noch nicht einmal wahrnimmt, was tatsächlich ist oder behauptet: So schlimm war es doch gar nicht! So habe ich in der Neuen Zürcher Zeitung gelesen, einen Völkermord an den Indianern habe es nach 1492 gar nicht gegeben. Das sei alles eine Erfindung der Linken! Was nützt denn die konservative Weisheit gegen die geballte Macht der Macher? Das Problem ist doch gerade die Hilflosigkeit des Konservatismus angesichts der Megalomanie der Schlagwörter „größer, schneller, mehr, öfter". Die Weisheit funktioniert vielleicht im Dorf, aber wir leben in Metropolis.

Ich will auf keinen Fall in die Naivität des: „Es wird schon besser werden!" Es gibt ja auch so ein ganz falsches Vertrauen, das noch nicht einmal in der Lage ist, die Opfer überhaupt wahrzunehmen, das so tut, als existierten sie nicht, denn uns geht's ja gut.

Ich frage mich immer noch, wie wir mit Hoffnungslosigkeit und Todeswissen umgehen. Wie weit ist Mitleiden möglich?

Mir scheint es sinnvoll, hier einmal zu unterbrechen und Raum für ein Gedicht zu lassen. Ich habe einmal eines geschrieben, das gut in diesen Zusammenhang paßt. Man kann es vielleicht als Todeswissen deuten. Obwohl ich mir gar nicht ganz sicher bin, ob die Beschreibung der Hoffnungslosigkeit und der Niederlage, also die Niederlagen Gottes in der Welt, immer schon Todeswissen sind. Das möchte ich immer noch einmal befragen. Dieses dunkle Gedicht beschreibt ein Foto, das ich in der Zeitung gesehen habe. Es heißt:

Ein Foto aus dem dunklen Jahr 1988

Die Backsteinmauer ist glatt und ohne jeden Kratzer.
Zwei Frauen stehen davor. Eine lehnt an,
offen ihr Mund, ihre Augen geschlossen.
Sie schreit oder sie weint.
Es ist Pauline Moloise.
Es ist der Tag, an dem ihr Sohn erhängt wurde,
im Gefängnis in Pretoria.
Sie hat ihn nicht mehr sehen dürfen.

Die andere Frau mit weißem Kopftuch,
eingehüllt in eine Decke, es scheint kalt zu sein,

stützt sie. Ihnen entgegen tritt
ein Weißer, der ist viel größer
als die Frauen. Der ist
Soldat, der führt
einen Hund. Der ist
abgerichtet,
wie sein Herr.

(Aus: D. Sölle: zivil und ungehorsam. Gedichte. Fietkau, Berlin 1990, S. 9)

Steffensky:

Was du von dieser Frau und ihrem Sohn weißt, das ist natürlich nicht Todeswissen, schon deswegen nicht, weil es in einem Gedicht gesagt ist. Das Todeswissen, das du beschreibst, ist ein argumentatives Wissen, ein empirisches Wissen, ein aussagbares Wissen. Es will nichts anderes, als ausgesagt werden. Ein Gedicht ist etwas anderes. Jede Zeile dieses Gedichtes schreit ja nach Veränderung der Zustände, hat eine Option, ist nicht die Lust an der Wiederholung des Unglücks, sondern es ist Memoria, Gedächtnis, Erinnerung. Und das ist kein kaltes Bescheidwissen.

Erinnerung ist ein Grundwort der jüdisch-christlichen Tradition. Eine Legende spricht vom Engel der Tränen, der Engel, der alles Weinen der Menschen in einem Kelch sammelt und vor Gott bringt.

Ich kann mir nicht nur keine Religion vorstellen, die nicht in ihrem Zentrum Erinnerung daran ist, was Menschen angetan und vorenthalten wurde.

Und wie ich es schon gesagt habe: ich kann mir auch keine Humanität vorstellen, die nicht Gedächtnis ist. Unsere Vision von einem bessern und gerechteren Leben bilden sich aus der Erinnerung der Leiden.

Sölle:

Ein Gedicht zu schreiben, das ist für mich tatsächlich oft die einzige Art, überhaupt mit dem Unglück umzugehen, es somit aufzuschreiben. Aus der Flut dieser Millionen Unglücksnachrichten die eine oder andere herauszugreifen und dieses Bild sozusagen zu rahmen. So kann ich die Nachrichten in mein Herz lassen. Dieses konkrete Photo einfach in Wörter zu übersetzen, so daß es auch in mir, in dem Zimmer meines Herzens hängt, dieses eine Photo, das dann nicht wieder durch die tausend Bilder zugeschüttet werden kann. Poesie ist wahrscheinlich immer eine Art, nein zu sagen zu dem was ist, mit aller unserer Kraft. Insofern ist sie eine Art zu beten. Aber ich weiß, daß in der offiziellen Kritik vielfach Gedichte dieser Art mit dem Hinweis fertiggemacht werden, wir wissen das doch, was willst du also damit, bleib uns doch vom Leibe. Ich möchte aber immer noch wissen, ob in unserer Welt irgendein Wissen Macht hat, uns weiterträgt, uns auch Macht gibt, uns ermächtigt, ob es eine Art Empowerment gibt? In der Frauentheologie nennen wir „gute Macht" eine solche, die uns nicht kleinmacht oder uns „fertig macht", wie der brutale Ausdruck heißt.

Lebensbilder und Hoffnungsgeschichten

Steffensky:

Wir brauchen ein Wissen, das mehr ist als das empirische Wissen und mehr als das argumentierende; also mehr als ein Wissen, das unsere Lähmung, unsere Blindheit und die Aussichtslosigkeit der Welt beschreibt. Ich glaube, daß Geschichten außerordentlich wichtig sind, daß Gelingens-Geschichten uns in der Hoffnungslosigkeit zwiespältig machen. Ich weiß nicht, ob sie uns schon direkt bis zur Hoffnung führen. Aber man sieht an Geschichten, die vom Gelingen erzählen: Es hat schon einmal Menschen gegeben, die gearbeitet haben; es hat schon einmal Visionen gegeben, die denen ähnlich sind, die wir versuchen; es hat schon einmal Zeiten gegeben, in denen das Recht gesiegt hat. Ich halte die Erinnerung für die Amme der Hoffnung. Darum werden auch die Geschichten des Christentums, die Geschichten der Religion immer wichtiger als Aussagen darüber, daß andere vor uns geglaubt, vor uns gehofft, vor uns einen Versuch gemacht haben. Solche Aussagen geben uns die Gewißheit: Wir sind nicht allein, wir fangen nicht an, und wir müssen nicht vollenden. Man muß viele Geschichten kennen, um der Hoffnungslosigkeit zu entgehen.

Es „erbaut" mich und meine Lebensgewißheit, wenn ich lese, wie Elisabeth von Thüringen sich der Korruption des landgräflichen Hofes entzogen hat; wenn ich lese, wie Franz von Assisi spielerisch Macht und Geld entlarvt; wenn ich höre, wie Martin Luther King Entschiedenheit und Gewaltlosigkeit zusammengebracht hat.

Vielleicht haben wir in unserer innerkirchlichen Auseinandersetzung vergessen, was wir haben. Wir haben vielleicht den Stolz auf die eigene Tradition verlernt. Besonders im protestantischen Raum finde ich dieses geringe Selbstbewußtsein ganz merkwürdig. „Mit unserer Macht ist nichts getan, wir sind alsbald verloren", bekennt man merkwürdig rasch. Das kann man auch linkspolitisch singen, und es heißt dann so: „Unsere Traditionen sind nicht so wichtig. Wir sind immer die, welche sich gerade noch auf den Zug der Revolution oder der Humanität schwingen." In Wahrheit aber braucht man uns mit unseren Geschichten! Die Erinnerungen in dieser Welt gehen verloren.

Ein anderer Zugang zur Wirklichkeit

Sölle:

Ich denke aber auch, daß es nicht nur um eine rückwärts gewandte Erinnerung geht. Auch innerhalb der eigenen Geschichte sind die Widersprüche zu finden. Diejenigen, die es anders machen wollen, geben den Widersprüchen jeweils neue Namen. Sie orientieren sich nicht ausschließlich an den objektiven Fehlschlägen. Es ist im Augenblick zwar eine völlig kommune Meinung, daß es keinen Fortschritt in der Geschichte gibt und daß jeder Fortschritt zum Guten wieder von Fehlschlägen bedroht ist. Doch ich halte das so für falsch. So wurde die Sklaverei als eine legale Institution im vorigen Jahrhundert von einem freiheitsliebenden Volk als eine Institution abgeschafft. Vor unseren Augen bricht eine andere Form der Sklaverei zusammen, die Apartheid. Das war möglich dank des Widerstands des Weltgewissens, das heißt des Boykotts vieler Tausender von Menschen. So erklärten zum Beispiel viele Frauen von der evangelischen Frauenarbeit: Diese Früchte aus Südafrika schmekken nach Blut, die essen wir nicht mehr, die sollen nicht mehr verkauft werden, hört endlich damit auf, Outspan-Apfelsinen zu essen, das ist ein Verbrechen. Dieser Widerstand wurde in einer sehr langsamen Weise fruchtbar. Aus vielen kleinen Schritten von einzelnen und gesellschaftlich gesehen ohnmächtigen Gruppen wuchs da etwas Neues.

Für mich ist das Neue Testament ein Zeugnis dieser Art von Widerstand und Veränderung. Ich will ein Beispiel nennen: Jesus hat nicht die ägyptische Augenkrankeit abgeschafft, die damals auch schon die Leute in Massen blind machte, sondern einige Blinde geheilt, nur einige. Ich nehme mal an, daß das statistisch wahrscheinlich ziemlich unerheblich war. Das heißt, in unseren News wäre das gar nicht gekommen, so eine kleine Heilung von so ein paar Blinden: Das spielt doch überhaupt keine Rolle, was soll denn das. Für die Menschen, auch in dem damaligen Imperium, war das, was da in dieser entfernten, lächerlichen Provinz Palästina passierte, kaum der Rede wert. Wir haben ja nur wenige Zeugnisse davon. Es gibt nur wenige Erwähnungen, daß da einmal so ein Verrückter war, der irgendwelche Anhänger sammelte. Trotzdem ist das nicht die einzige Lesart der Geschichte, sondern es gibt die Lesart, die wir im Neuen Testament auf jeder Seite finden, daß nämlich Menschen sagen, ich wurde geheilt, meine Schwester wurde geheilt, mein Bruder sieht, von uns sehen jetzt einige. Solche Aussagen „gelten" alles nichts in diesem globalen Hoffnungssinn. Es ist also nicht eine absolute Weltveränderung, aber es gehört mit in die Geschichte der Hoffnung, und zwar nicht nur als ein Faktum, sondern auch als ein Relatum, als ein Erzähltes,das verbindet. Denn das Erstaunlichste war doch, daß es dann eine mündliche Überlieferung gab und die Menschen diese Geschichten ununterbrochen weitererzählten, sie dabei unmäßig aufbliesen, wie immer, wenn man Geschichten weitererzählt. So wußten sie schon gar nicht mehr, waren das jetzt 4000 Leute, die satt wurden mit fünf Broten und zwei Fischen, oder waren es 5 000 plus Frauen und Kinder, oder waren es insgesamt 5 000.

Wir sehen an der merkwürdigen, der krausen Überlieferungsgeschichte der Evangelien, was für ein breiter Strom mündlicher Überlieferung da war. Als ich Theologie studierte, hat man dieses Faktum so benutzt, um den Verstand und die eigene Schlauheit daran zu wetzen. Ich halte das jetzt für völligen Unsinn, sich darin zu erschöpfen. Was wichtig ist, ist eigentlich zu verstehen, wie die Menschen mit der Realität, die sie erlebten, umgingen und was ihnen wichtig war zu erzählen.

Und da müssen wir uns fragen, was ist uns denn eigentlich wichtig zu erzählen, wo sind denn unsere Blindenheilungen, wo stehen denn mal Lahme auf, wo werden denn mal einige satt? Wie lernen wir denn wieder zu erzählen, nicht nur zu berichten, sondern mit Emphase und Empathie das weiterzugeben, was uns, z. B. in der eigenen Familiengeschichte, wichtig ist? Wie lernen wir denn gegen die Unglücksgeschichte und das Todeswissen das zum Thema zu machen, was uns zu leben hilft? Ich persönlich habe am allermeisten tatsächlich in der Dritten Welt gelernt. Der Ausdruck von dem „Luxus der Hoffnungslosigkeit" stammt von Gioconda Belli, der nicaraguanischen Dichterin. Während einer Tagung in Loccum, als sie mit der europäischen Misere und der Hoffnungslosigkeit der europäischen Intellektuellen konfrontiert war, sagte sie: „Diese Art von Luxus kann sich in Nicaragua niemand leisten. Bei uns braucht man ein

Stück Hoffnung, einfach um zu überleben. Es sind ganz kleine Dinge, die man hofft. Es ist die Hoffnung, daß Marias zweites Kind nicht auch an Austrocknung stirbt." Das ist eine sehr große Hoffnung, sie ist sehr ernsthaft, sie läßt sich nicht von der Gesamtzahl der austrocknenden Kinder oder der Cholera einschüchtern, sondern sie haftet im begrenzten Raum an der begrenzten Gemeinschaft derer, die vielleicht dafür miteinander beten.

Diese Haltung bezeichnet irgendwie einen anderen Zugang zur Wirklichkeit, den wir zunehmend verloren haben, und ich wünschte mir wirklich, wir könnten in diesem Sinn unsere eigenen Geschichten stärker in ihrer Hoffnungskraft erleben.

Ich will hier eine Geschichte, die ich in ein Gedicht gefaßt habe, einfügen.

Ein student in einer krise

Ich dachte immer
die sprache der wissenschaft ist die sprache
die wir brauchen
wenn ich sie beherrsche
versteh ich die welt und kann handeln
außer dieser sprache
brauch ich keine

Das ist zuende
lächelt er nachdenklich
die sprache die ich brauche
ist nicht vorhanden
ich bin unterentwickelt

hör ich ihn sagen
weil ich außer dem mannsein
nichts gelernt habe

Ich kann dir nichts leihen
sag ich schließlich
solang wir die sprache nicht finden
tragen wir nichts bei zu der welt
die uns braucht

Jeder psalm auch deiner
fängt mit dem nichts an
das alles werden will
dieses nichts können wir verlegen
wenn es uns einholt
wird uns die sprache zu klein

Der mystische schuster in görlitz
kannte das nichts
das dir zur sprache fehlt

(Aus: D. Sölle: zivil und ungehorsam. Gedichte. Fietkau, Berlin 1990, S. 42)

Dieser mystische Schuster ist natürlich Jacob Böhme. Von ihm stammt der Satz: „Gott ist das Nichts, das alles werden will." Erzählen ist eine Art von dem Nichts Gottes auszugehen, damit das Werden sichtbar wird.

Vielleicht sollte ich noch eine Geschichte erzählen. Die Geschichte gehört zu dem, das was ich manchmal „die Bibel weiterschreiben" nenne: Es nützt ja gar nichts, die Bibel zu lesen, wenn man nicht an ihr schreibt im eigenem Leben. Und ich finde, daß die Schulklasse in Göttingen, von der ich erzählen will, ein bißchen an der Bibel weitergeschrieben hat. Schülerinnen und Schüler haben entdeckt, daß Dosen die Umwelt vergiften. Doch sie bekamen ihre Getränke immer nur in Dosen geliefert. So haben sie ihre Lehrer gezwungen, ein Projekt mit ihnen zu erarbeiten, in allen Fächern, auch in Ökonomie. Die Grundfrage war: Warum dürfen wir nicht aus etwas anderem trinken als aus Dosen? Sie sind aus der Schule herausgegangen und haben bei den zuständigen Händlern nachgefragt. Bei denen fielen sie auf die Nase, bekamen keine befriedigende Antwort. Dann sind sie der Sache wirklich auf den Grund gegangen, sie haben sich selbst argumentationsfähig gemacht. Das ist natürlich wichtig, das ist Analyse im positiven, notwendigen Sinn. Unterdessen kamen immer mehr andere Schüler, interessierten sich für dieses Projekt und sagten: Wir brauchen keine Lollis, wir brauchen Luft zum Atmen. Das war ihr Spruch, ihr Slogan. Zum Schluß haben sie die Dosen gesammelt, die an der Schule konsumiert wurden, um damit zu demonstrieren. Sie bekamen, glaube ich, 14000 Dosen innerhalb ganz kurzer Zeit zusammen. Das erstaunt nicht, denn wenn so eine ganze Stadt mit diesem Wahnsinn ihre Schulkinder füttert, dann summiert sich das. Die Dosen banden sie dann mit Stricken zusammen und hängten sie vor das Göttinger Rathaus. Das ist eines der anderen schönsten Fotos, die ich gesehen habe. Und daraufhin ging die Sache bis zum Landtag in Hannover. Das Parlament wurde damit belästigt. Die Göttinger Schulkinder trinken heute nicht mehr aus Dosen.

„Gott hat unsere Tränen geweint“

Mettner:

Sie haben gesagt, was unverzichtbar ist: Lebensbilder zu sammeln, Hoffnungsbilder, Gelingens-Geschichten zu sammeln aus der eigenen Biographie, aus der jüdisch-christlichen Tradition, aus der Geschichte und wieder fruchtbar zu machen für heute. Diese Geschichten müssen weitergesagt, weitererzählt werden; in einer Sprache, die von der Lebensstärke ausgeht.

Sölle:

„Man kann ja doch nichts machen", dieser tausendfach gehörte Satz tötet die Seele. Solange wir an diese Grunderfahrung gesellschaftlicher Ohnmacht nicht herankommen, werden wir das komfortable Gefängnis nicht verlassen können.

Wie kommen wir von der Ohnmacht zur Partizipation an den Entscheidungen, von der Abhängigkeit von Ängsten und Konsum zum Frei-Mut der Demokratie, wie nutzen wir die Spielräume und Privilegien, die wir vielen anderen Gesellschaften voraushaben? Wie können wir die Menschen, die sich in der milden Depressivität eingerichtet haben, für etwas mehr Glasnost auch bei uns gewinnen? Und woher nehmen wir die spirituelle Kraft der Hoffnung, in der wir weder uns noch andere aufgeben? Ich versuche drei Antworten zu geben, die ich nenne: sich zu erinnern, sich also historisch zu vernetzen – die eigene Würde zu bewahren – in Kommunion mit den Toten zu leben.

Wie sollen wir uns an die Erfahrungen von Befreiung, an die kleinen Geschichten vom Gelingen erinnern? Wir müssen sie weitergeben. Ohne ein Wissen davon, daß es schon einmal anders war, bleiben wir in der Perspektive des linken Kaninchens vor der technokratischen Schlange. Jeder Mensch braucht einen Hoffnungsschrank, in dem wir die Erfahrungen von Befreiung sammeln. Die Hinweise auf die auch unter uns geschehenden Blindenheilungen sind unerläßlich. Jede Hoffnung braucht ein empirisches Bein: ein kleines Volk unter einer militärischen Supermacht ist schon einmal frei geworden und aus der ägyptischen Sklaverei in das Land der Freiheit gezogen! Ich habe andere heutige Geschichten vom Gelingen erzählt.

Die Hoffnung braucht aber auch ein Bein im Himmel, ein metaphysisches Bein. Wir können uns nicht vollständig von den Erfolgsaussichten unseres Tuns abhängig machen. Das moralische Niveau des Kapitalismus reicht nicht zu, um Menschen zu motivieren, ernsthaft für Humanität zu plädieren und dem Projekt des Todes entgegenzutreten. Ich habe viele Male von Journalisten zu hören bekommen: Glauben Sie denn wirklich, mit dieser Aktion etwas erreichen zu können? Ich glaube nicht, daß ich mich mit dieser Frage arrangieren kann. Es gibt Dinge, die schlechterdings unerträglich sind und denen wir widerstehen müssen einfach um unserer eigenen Würde willen. Es gibt Dinge in der inneren Auseinandersetzung mit dem Zyniker in uns, der resignativ-harmoniesüchtigen Frau in uns, einen „point of no return", an dem wir handeln und uns in den Widerstand einüben, Zeichen setzen, uns verbünden, einfach, weil wir dem Leben mehr trauen als dem Projekt des Todes. Der Kirchenvater Augustinus sagt, daß die Hoffnung zwei liebliche Töchter hat; Zorn und Mut. Treibt diese Töchter nicht aus dem Haus, sie gehören zusammen.

Wir werden dabei wie die Frau in einem der Gleichnisse Jesu, die ein kleines Stück Sauerteig mit viel Mehl, das in sich fade und geschmacklos ist, vermengt. Sie geht dann schlafen und fragt nicht: habe ich auch alles getan? Was habe ich versäumt? Hätte ich nicht früher aufstehen sollen? Wird es das bißchen Sauerteig schaffen? Sie vertraut der Kraft des Sauerteigs und fühlt sich nicht total verantwortlich. Sie läßt den Teig das Brot durchsäuern, so wie der Bauer die Saat wachsen läßt.

Wenn wir uns allmächtig glauben, den raschen unmittelbaren Erfolg zum Kriterium machen, dann geraten wir in einen Allmachtswahn, der gerade die Quelle von Ohnmacht und Resignation wird. Was hat es denn gebracht? Wen haben wir gewonnen? Hat sich etwas verändert? sind Fragen, die uns in der Ohnmacht einsperren wollen und uns von unseren wunderbaren Töchtern trennen. Ich meine, wir sollten uns den Stolz nicht nehmen lassen. Die Friedensbewegung hat die deutsche Geschichte verändert, der Militarismus muß sich heute ständig selber rechtfertigen, und diese Decke ist vorn und hinten zu kurz. Wir sind nicht allein mit dem, was wir tun. Wir sind nicht eine winzige vernachlässigte Minderheit und die Bewegung für Frieden. Solidarität mit den ausgebeuteten verschuldeten Völkern und der ausgeplünderten Erde ist nicht ein Thema von gestern. Die Frau im Evangelium schaut nicht alle fünf Minuten nach, ob der Teig schon angesäuert ist, sie tut ihre Sache und legt sich schlafen. Sie ist nicht allein, der Sauerteig hilft ihr. Die Kraft des Lebens selber trägt uns. Wir haben nicht nur bessere Argumente als unsere Militaristen, Großtechnologen und Banker, – es ist einem ja schon fast peinlich, wie viel besser unsere Argumente sind! – Wir haben auch die menschheitlichen Traditionen auf unserer Seite. Wir haben die jüdische, die besten Bestandteile der christlichen und die humanistische Tradition auf unserer Seite.

Wir haben noch ein anderes dunkles Heer von Verbündeten um uns. Das sind die Toten des letzten, des deutschesten aller Kriege. Auch die Toten bitten uns heute um Erbarmen: um Abrüstung, weniger Gift und ein Stück Brot. Es bitten uns die Verhungerten, die von der Militärmaschine Zerfetzten, die mit dem Gas Erstickten. Wir sind nicht allein in unserer Arbeit und in unseren Kämpfen. Wir haben es gar nicht nötig, die Toten zu verschweigen und sie sozusagen unter den Asphalt zu bringen. Sie sind bei uns, sie haben uns etwas zu sagen, und ein Mensch sollte nie so allein werden, daß er ohne Tote und ohne Nachkommen leben zu können glaubt.

Mettner:

Ich möchte eine Frage an Sie weitergeben, die ich in letzter Zeit immer häufiger höre, bei sehr engagierten Leuten, die ihr Glaubensverständnis immer in dem untrennbaren Zusammenhang von Gebet und gerechten Tun gesehen haben. Die sagen: Die Versuche, eine theologische Sprache zu suchen, die von der Lebensstärke spricht und zeugt, sind ja gut. Aber geht dies denn mit dem Symbol des Kreuzes zusammen. Müssen wir nicht eine ganz andere Symbolik nehmen? Sollten wir nicht nur noch von Brot und Wein und Tischgemeinschaft sprechen? Und nicht mehr von diesem gewalttätigen Kreuzes-Symbol, das für die blutige Geschichte steht?

Sölle:

Das ist ja eine Frage, die vor allem in der feministischen Theologie diskutiert wird. Hier gibt es eine Kritik an einem sadomasochistischem Gottesverständnis, um es einmal etwas zusammengefaßt zu sagen; das Bild eines Gottes, der Leiden macht, Leiden verklärt, sich am Leiden sättigt sozusagen und Menschen dazu verführt, leidenssüchtig zu werden. Dieses Symbol, das Kreuz und der Gott, der es verhängt, werden heute abgelehnt.

Ich bin in dieser Sache ganz anderer Meinung und habe Sorge. Denn in dieser Emphase, die sich an den schönen Symbolen, also Brot, Wein, Licht und Leben festmacht, liegt die Gefahr einer Flucht aus der Geschichte.

Das Kreuz ist zunächst einfach ein Symbol des Imperium Romanum, das alle Subversiven mit dieser langsamen ausgeklügelteten Foltermethode zu Tode brachte, und zwar öffentlich. Es war erwünscht, daß möglichst viele Leute dahin kamen und es ansahen. Das gab sozusagen einen sozialen Druck, man mußte dabei sein, man mußte das sehen, durfte aber keine Trauer zeigen. Weshalb die Tränen der Frauen am Grab dann auch ein ungeheures Zeichen von Widerstand waren. Und ich denke, es ist zunächst einmal eine Enthistorisierung des Glaubens, wenn wir dieses Kreuz wegnehmen, ich denke da auch an viele Zeugnisse aus der Befreiungstheologie Lateinamerikas, die gegenwärtige Kreuze darstellen. Jesus wird da el flaco genannt, das heißt der Abgemagerte, ein ganz dünner Campesino, der eben nur gearbeitet hat und kaum etwas Anständiges zu essen bekommen hat und der dann gekreuzigt wird. Das ist ein Bild des Leidens, des Hungers, der Todesschwadrone, also der wirtschaftspolitischen Realität. Und diese Realität wegzunehmen, ihr auszuweichen, das scheint mir eine Art Entstellung eigentlich des Gottes, der für Gerechtigkeit und die Fülle des Lebens aller und nicht nur einiger eintritt. Eine Religion, die nur für die weiße Mittelklasse gut ist, scheint mir also nicht die der Bibel zu sein.

Steffensky:

Ich glaube, der Satz vom Kreuz ist einer der anarchistischsten, die man sich religiös denken kann:

daß da ein Gott im Spiel ist, der nicht in seiner eisigen Herrlichkeit geblieben ist, um es mit dem Philliperbrief zu umschreiben, sondern Mensch geworden ist und unsere Tränen geweint hat und unsere Wege gegangen ist und unseren Tod gestorben ist. Dafür steht das Kreuz, also nicht für ein Quantum an Sühneleistung, sondern für die Solidarität Gottes mit den Menschen. Es ist für mich eines der schönsten, innigsten Symbole.

Ein anderes macht mir das Symbol des Kreuzes wichtig: Ich sehe, wie Menschen ihre eigenen Leiden in dieses Symbol interpretieren. Ich erinnere mich an das Gebet einer alten Bäuerin aus einer brasilianischen Basisgemeinde:

„Du hast Dich, Herr, für uns am Kreuz geopfert.
Wir opfern Dir diesen unseren Leib,
der verdorrt ist vor Entbehrung,
weil wir nichts mehr zu essen haben.
Wir opfern Dir, Herr, was wir leiden,
mehr haben wir nicht,
denn sie haben uns alles genommen."

Nein, diese Frau glaubt nicht, daß Gott mit Lust das süße Blut der Menschenleiden säuft. Sie tritt wie eine Königin vor ihn mit dem einzigen Geschenk, das sie hat. Sie ist stolz, und sie weiß, daß sie in aller Armut nicht nichts ist, daß sie nicht nichts zu geben hat. Diese Frau hat sich das Recht genommen, ihr eigenes Leiden und das ihres Volkes zu Gottesknechtsleiden zu erklären. Sie behauptet im Symbol des Kreuzes: nichts geht verloren, und nichts ist umsonst – nicht einmal dieses karge und mühselige Leben.

Ich frage mich, *wer* da behauptet, daß Kreuz habe ausgedient und sei als Symbol nicht mehr verwendbar. Sind das die Leidenden und Gekreuzigten, die dies sagen? Oder ist es nicht doch ein schnöder Schreibtischgedanke?

Natürlich ist auch mit diesem Symbol im Laufe der Kirchengeschichte viel angerichtet worden. Mit welchem eigentlich nicht? Nur habe ich den Eindruck, wir haben nicht mehr genug Zeit, uns durch die eigene Zerstörungsgeschichte faszinieren zu lassen und allein auf sie zu starren. Es gibt eine Mäkelei der eigenen Geschichte gegenüber, die uns unfähig macht, das Gold im Stroh zu finden; die uns vergessen läßt, daß wir bald nichts mehr zum Leben haben – vor allem auch nicht unsere Kinder –, wenn wir uns in der Geste der Entlarvung erschöpfen.

Sölle:

Es gibt noch eines, was mir das Kreuz gerade in den Elendsländern deutlich macht. Es gibt ja viele, die das Kreuz hätten vermeiden können. Ich denke jetzt zum Beispiel an Oscar Romero, an Ita Ford und die anderen Nonnen aus den USA, die in El Salvador gearbeit haben und dort ermordet worden sind, also an die Märtyrer. Die meisten dieser Märtyrer – es sind die, die wir mit Namen kennen –, hätten einen anderen Weg gehen können, genau wie auch Jesus von Nazareth einen anderen Weg hätte wählen können. Einer der wichtigsten Punkte in der Geschichte der Passion ist, daß Jesus freiwillig tat, gegen das Aufmucken der Jünger, die überhaupt nicht verstanden, worum es ging, und gegen alle Erwartungen. Jesus hätte tatsächlich friedlich in Galiläa bleiben und ein erfolgreicher Guru sein können. Er zog aber vor, nach Jerusalem, also ins Zentrum der Macht zu gehen und dieser Konfrontation nicht auszuweichen, sondern sie geradezu zu suchen, so muß man die Geschichte lesen. Und das möchte ich nicht weglassen, weil es eigentlich ein Hinweis darauf ist, daß das die Geschichte der Liebe ist.

Die Geschichte der Liebe macht uns nicht unverwundet und schmerzfrei. Die Geschichte der Liebe ist keine Happygeschichte. Es ist nicht wahr, daß wir dadurch schmerzfrei, besser durchkommend, happy werden. Ich will damit nichts gegen das Glück sagen, aber ich will etwas sagen gegen eine Naivität des Verständnisses, als sei die Liebe so ein Nettzueinandersein und das dann zu einer freundlichen Harmonie führt. Die Liebe, die Jesus getragen hat, hat ihn ans Kreuz geführt, und ich denke eigentlich, jede wirkliche Passion macht uns verwundbarer oder ist nicht zu Billigpreisen zu haben. Entspricht das nicht auch unseren wirklichen Erfahrungen?

Es gibt einen Satz in der Frauenbewegung, den ich immer sehr interessant fand: Als Frau zahlst du immer drauf. Ein bitterer Satz. Ich finde aber nicht, daß die Konsequenz aus diesem Satz ist, endlich mit dem Frausein aufzuhören und sozusagen ein

Mann zu werden, der eben weniger zahlt. Das ist überhaupt nicht das Interessedieses Satzes. Es kann nicht darum gehen, sich unabhängig zu machen von der Liebe, sich unberührbar zu machen, sich gar nicht so weit einzulassen, gar nicht so viel Leid zu riskieren. Das propagieren solche blödsinnigen Bücher wie „Wenn Frauen zu sehr lieben" oder ähnliche. Was also genau diesen Geist ausdrückt: Hört doch endlich auf mit eurer Liebe, die führt euch doch nur ins Unglück. Na bitte, würde ich dann sagen, dann führt sie eben ins Unglück. Ich möchte sie aber trotzdem nicht missen. Euer Glück, für das bedanke ich mich. Es drückt doch nur den Verzicht auf Liebe aus, die Angst, ausgebeutet zu werden vom jeweils anderen, es ist nur wieder eine andere Spielart der Hoffnungslosigkeit.

Mettner:

Das Kreuz steht für diese Geschichte der Gewalt, es zeigt: Das Christentum ist nicht so billig zu haben, sondern nur im Kontext dieser Geschichte und dieser Gesellschaft. Auf der einen Seite gibt es ja Bewegungen, die viel mit dem Begriff des Kreuzes hantieren. Da sind die fundamentalistischen, die evangelikalen Bewegungen. Auch im Opus Dei wird viel über das Kreuz, über das Opfer, über den Schmerz, die Notwendigkeit des Leidens, über Märtyrerschaft gesprochen ... und eigentlich nicht über viel anderes.

Sölle:

Aber doch in einem völlig enthistorisierten Sinn. Über das Imperium wird nicht gesprochen. Die Ursache des Kreuzes wird nicht benannt. Das Kreuz wird damit völlig zu einem innertrinitarischen Vorgang gemacht und aus der realen Geschichte der Menschen, also der Elendsgeschichte, der Geschichte der Sklaven, der Geschichte der Gebeutelten herausgenommen. Ganz anders ist es, wenn man sich zum Beispiel das Bild des Gekreuzigten am Isenheimer Altar anschaut, das Matthias Grünewald gemalt hat: Das ist ein Christus der Bauernkriege, hier spiegeln sich die Bauern, deren Fronlasten verachtfacht wurden in diesen Jahren des Niedergangs des Rittertums. Der Druck wurde abgegeben an die Ärmsten der Armen. Und so sieht dieser Christus aus. Gerade das hat die Kunst immer wieder getan. Denken Sie an das Bild des Christus als Landser im Ersten Weltkrieg mit der Gasmaske. Aber der ist gerade nicht der Christus des Opus Dei. Dort wird eben kein Gesicht einer wirklichen Person deutlich. Ich finde zum Beispiel ganz konsequent, wenn die Frauenbewegung manchmal jetzt eine Christa ans Kreuz schlägt, um Leiden, reales Leiden von Kindern Gottes zu benennen und zu zeigen. Und das kann ja nur dann gezeigt werden, wenn das in seinem eigenen Kontext erscheint, und nicht in dieser totalen Verjenseitigung oder Metaphysizierung. Realitätsbezug, das ist der Grundzug der Bibel. Die Bibel ist ein realistisches Buch, das mit

Macht und Gewalt rechnet, das weiß, wie Menschen unter Macht und Gewalt leiden. Fundamentalisten blenden gerade diese gesamte Dimension, die Wirklichkeit aus.

Gottesverflüchtigung

Mettner:

Es gibt heute in den neuen religiösen Bewegungen, in dem Markt neuer Religiositäten, aber auch so etwas wie die „Kreuzesverflüchtigung", die „Gottesverflüchtigung". „Gott" taucht da nicht mehr als personale Größe auf, sondern nur noch als diffuse göttliche Energie. Die realen gesellschaftlichen Gewaltverhältnisse, für die das Kreuz steht, werden ignoriert. Der Sozialwissenschaftler Heiner Barz hat in seiner umfassenden Studie zum Verhältnis Religion und Jugend festgestellt, daß der Trend moderner Gesellschaften weggeht von den organisierten Religionen konfessioneller Milieus zur selbstbestimmten Religiosität bzw. zu dem, was man dafür hält. In der sogenannten postmodernen Religion bastelt sich der einzelne seine Religion aus den Elementen verschiedener Religionen selbst zusammen. Es entstehen sogenannte „Patchwork-Religiositäten". Die wichtigen Inhalte jüdisch-christlicher Religion verlieren an Relevanz in der Orientierung zur persönlichen und gesellschaftlichen Lebensgestaltung. „Yin und Yang statt Kreuz und Bibel" mit dieser Kurzformel faßt Barz ein Ergebnis seiner Studie zusammen. Zentrale Inhalte christlicher Religion – wie zum Beispiel das Kreuz – werden oft schon nicht einmal mehr gewußt. Asiatischen Religionen kommt generell ein erheblich besseres Image zu. Sehen Sie zwischen der fundamentalistischen Gottesbetonierung und der Gottes- und Kreuzesverflüchtigung des religiösen Marktes heute eine Entsprechung?

Steffensky:

Es gibt eine Ähnlichkeit zwischen den „Kreuzesverflüchtigern" des neuen religiösen Marktes und den Fundamentalisten. Ich will zunächst unterscheiden zwischen den Konservativen und den Fundamentalisten. Die Konservativen haben eine ihnen vorliegende Sprache und Tradition, auf die sie sich verlassen und die ihnen Kraft, Trost und Vision sein kann. Zu diesen Traditionalisten möchte ich mich zählen. Fundamentalismus ist eher ein modernes und ein städtisches Phänomen. Es ist der Konservatismus, der sich seiner selbst bewußt geworden ist und der nicht fertig wird mit der Moderne und der Aufklärung. Es gibt aber nicht nur die Fundamentalisten, die aus einer Tradition kommen und die diese Tradition ungebrochen in gewaltsamer Selbstblendung behalten wollen. Es gibt in den Großstädten auch die neuen Fundamentalisten, die keineswegs eine alte Tradition hinter sich haben; die sich vielmehr mit Unerbittlichkeit aus der eigenen Traditionslosigkeit hineinstürzen in ein System, sei es ein politisches, sei es ein religiöses. Ich kenne einige junge Menschen in der säkularisierten Stadt Hamburg, die aus traditionsfreien und völlig agnostischen Elternhäusern kommen und die in einer Art Selbstwegschleuderung religiöse Fundamentalisten werden. Sie können die reine Säkularität einer Großstadt, ihre Traum- und Ziellosigkeit nicht aushalten und stürzen sich in das Gefängnis eines Systems, in dem sie vorher noch nicht gelebt haben. Sie halten sich selber nicht mehr aus. Man kann sich ja auch nicht aushalten, wenn man mit sich allein ist ohne Ziel und Traum und Menschen, die einen ähnlichen Lebenstraum haben. Der gefährliche Ausweg liegt in der Entfernung von sich selber: fort vom eigenen Denken in das Gefängnis eines blinden Systems! Fort vom eigenen Gewissen in eine biblizistische Wörtlichkeit! Fort von sich selber in den Zwang einer Gruppe. Dies sind alles Gefängnisse. Aber auch Gefängnisse geben ein Gefühl von Heimat, wenn man sonst nichts hat. Das Kreuz kann hier in der Tat ein gefährliches Symbol werden, ein Symbol für die Entfernung vom eigenen Denken, Gewissen und vom eigenen Glück. Es ist die Faszination durch das Sterben; die Lösung in der Selbstweggabe. Ich meine, daß wir Deutschen anfällig sind für eine solche Lösung. Ich denke an unsere jüngste Geschichte, die Nazi-Zeit. Es war ein System des Selbstverlustes. Ich denke etwa an die Bedeutung des „Heldentods" oder an einen Satz wie diesen: „Du bist nichts, dein Volk ist alles!"

Die „Kreuzesverflüchtiger" des neuen religiösen Marktes haben ein anderes Prinzip der Lebensrettung. Man könnte es Rettung durch Selbststeigerung nennen. Es gilt das reine und unverbundene Ich mit seiner Erfahrung, mit seinen Gefühlen, mit seinen Sensationen. Menschen stehen unter einem hohen Glücksdiktat, während bei Fundamentalisten Glück ein nebensächliches Wort ist. Religiöse Systeme, Inhalte und Methoden werden gewechselt, wenn das Ich darin nicht mehr unmittelbar vorkommt; wenn die Sensationen und Erfahrungen ausbleiben. Es ist selbstverständlich, daß das Kreuz als Symbol der Schmerzen, der Gebrochenheit und der Niederlagen hier keinen Platz hat.

Trotz ihrer Verschiedenheit haben die beiden untauglichen Versuche der Lebensrettung einiges gemeinsam:

- das Harmoniediktat,
- die Pflicht zu Positivität und Ungebrochenheit,
- die Ganzheitszwänge.

Bei beiden findet sich die Unfähigkeit, mit Ambivalenzen zu leben und Gebrochenheiten auszuhalten.

Ich finde es einen Trost des Christentums, daß man sein Leben nicht durch die eigene Ganzheit und Ungebrochenheit rechtfertigen muß; daß man als Fragment leben kann; daß die Gebrochenheit des Lebens, auch die Gebrochenheit des Glaubens mich als Menschen nicht ungültig macht.

Sehnsucht nach Ganzheit

Sölle:

Also es steht doch geschrieben: Du sollst Gott, deinen Herrn, von ganzer Seele, von ganzem Gemüt und von ganzem Herzen lieben und deinen Nächsten wie dich selbst. Und die Bibel kennt durchaus eine Ganzheit und so verstehe ich auch das Ganzheitspathos. Für mich ist der Begriff eigentlich sehr positiv. Es ist natürlich eine Reaktion auf ein verkopftes, entleertes, superliberalisiertes, rationalistisches Christentum. Dagegen setzt etwa die Frauenbewegung und ihr religiöser Zweig, die feministische Theologie, die Notwendigkeit von Ganzheit. Ich will bei dem, was ich glaube, weder meinen Kopf ausschalten müssen (das hat die liberale Theologie auch schon gewußt) noch will ich mein Gefühl oder auch meinen Körper vergessen müssen. Ganzheit heißt für mich eigentlich nicht so sehr Ungebrochenheit, sondern die Mehrdimensionalität meines Wesens – mein Körper, mein Hören, mein Schmecken, mein Riechen, mein Fühlen soll integriert werden. Und in diesem Sinn ist eigentlich das Versprechen der Religion, daß wir heil werden, und das heißt nichts anderes als daß wir ganz werden. Du kannst das Heil nicht leugnen und als eine modernistische Verirrung beschreiben.

Steffensky:

Ich unterscheide zunächst eine Ganzheit der Lebensoptionen von einer eher formalen Ganzheit. Ja, die jüdisch-christliche Tradition verspricht Ganzheit und verpflichtet zu ihr. „Er wird alle Tränen abwischen“ – das ist ein Versprechen von Ganzheit. „Seid vollkommen, wie euer himmlischer Vater vollkommen ist!“ – das ist das Verbot von Beliebigkeit und Gleichgültigkeit. Die Rede vom reinen Herzen und von der ganzen Seele vertreiben die Zweideutigkeit.

Davon aber unterscheide ich die fundamentalistisch-formale Ungebrochenheit und Zweifelsfreiheit, die sich etwa ausdrückt in den Wörtlichkeitszwängen und in der stimmigen Systematik.

Darüber hinaus aber lese ich eine produktive Widersprüchlichkeit in den Texten der jüdisch-christlichen Tradition. Einmal sind es Verlockungen zu Eindeutigkeit und Ganzheit, zum anderen finde ich fast auf jeder Seite dieser Texte Aussagen darüber, daß Gott die Gebrochenen, die Verlorenen, die Verirrten sucht und liebt. Das geknickte Rohr wird er nicht brechen. Vielleicht ist es die einzige Möglichkeit, ohne Gewalt gegen sich selber oder andere die Ganzheit zu suchen, indem man weiß, daß diese Ganzheit das Leben nicht rechtfertigt und daß die Sünde es nicht durchstreicht. „Seid vollkommen, wie euer Vater im Himmel vollkommen ist!“ – ist ein unaufgebbarer und ein nicht lebbarer Satz. In diesem Widerspruch will ich bleiben. Daß die Gebrochenheit das Leben nicht durchstreicht, ist ein tröstlicher Satz, und er läßt mir den Humor mir selber gegenüber.

Ich glaube, daß im Augenblick eine Menge Krankmacherbegriffe herumschwirren, die leugnen, daß wir Fragmente sind – auch bei einem Teil der Frauenbewegung. Ganzheit, Authentizität rechne ich durchaus dazu.

Mettner:

Jetzt brechen tiefe Gräben zwischen benediktinischem Katholizismus und dem wirklichen Protestantismus auf.

Sölle:

Im Gegenteil, ich empfinde gerade im Augenblick Fulbert protestantischer als mich. (Und er hat mich ja im Laufe einer langen Ehe schon recht weit katholisiert!) Denn ich empfinde, daß der ganzheitliche Wunsch, ganz zu sein, nicht krank macht und daß das ganze Herz kein Krankmacherbegriff ist. Ich halte dies auch für die Einwilligung in die Gebrochenheit. Vielleicht bin ich an dem Punkt tatsächlich protestantisch beschädigter. Denn diese Einwilligung hat innerhalb des Protestantismus immer wieder zu einer vollständigen politischen Anpassung geführt. Ich erinnere mich daran, daß noch während der Friedensbewegung ein Mann von der evangelischen Kirche in Deutschland in Hannover vom Fernsehen interviewt wurde. Es ging um neue Mittelstreckenraketen. Die Frage war: Wie steht die Kirche dazu? Und dann hat er ganz lange über strategische Notwendigkeiten gesprochen, bis der Journalist ungeduldig wurde und ihn etwas anfuhr: Ja, das wollte ich ja gar nicht von Ihnen wissen; ich wollte eigentlich wissen, ob Sie ein theologisches Argument haben. Worauf er den schönen Satz von sich gab: „Na ja, wir sind alle Sünder, ob mit oder ohne Mittelstreckenraketen." Was für eine trübsinnige Weisheit! Daß Christus uns erlöst hat und freigemacht hat, scheint ganz unbekannt, wenn nur an der Hauptsache – der Sünde, der Gebrochenheit, dem anthropologischem Pessimismus – festgehalten wird.

Mit dem Humor kann übrigens alles gerechtfertigt werden. Mit so einer gewissen Gebrochenheit, die aber nicht wehtut, weil sie ja eh nur andere betrifft, wird die Unfähigkeit verschleiert, wirklich zu glauben. Eine der Grundgefahren des Protestantismus scheint mir zu sein, daß er an die Sünde glaubt. Und nicht an Jesus Christus, der uns frei gemacht hat von dem Dreck; der doch gesagt hat: Steh auf, nimm dein Bett und geh, und nicht: Bleib sitzen und heul' rum und erklär mir, daß du ein Sünder bist.

Steffensky:

Diese protestantische Verwundung kann ich verstehen. Bei bestimmten Gruppen im Protestantismus geht es nicht so sehr um die Einwilligung in die Gebrochenheit, die man täglich entdeckt, sondern um den Zwang zur Gebrochenheit. Es hat vermutlich mit dem Gottesbild zu tun: Gott ist groß – der Mensch ist klein; Gott ist rein – der Mensch ist unrein; Gott ist alles – der Mensch ist nichts! Wehe dann, du fühlst dich irgendwo ganz oder glücklich!

Sölle:

Und wehe, du bist irgendwo klar, das ist verboten. Du mußt immer zweideutig sein, du mußt alles von allen Seiten sehen, bloß keine Klarheit verbreiten.

Steffensky:

Ich möchte nun aber doch die Ehre des Protestantismus retten. Der Pessimismus, besser gesagt, die Skepsis menschlichen Versuchen und menschlicher Erkenntnis gegenüber ist auch eine große Fähigkeit, sofern es kein ritualisierter Pessimismus ist, dem immer schon alles verdammt ist. Wenn ich die großen Katastrophen dieses Jahrhunderts sehe, die des Nationalsozialismus und die des Stalinismus, dann wünsche ich mir mehr Skepsis und weniger Vertrauensseligkeit und Optimismus. Auch der Unglaube und der Zweifel sind Tugenden, die Leben retten. Protestantische Skepsis heißt auch, Fähigkeit zu Distanz und Selbstdistanz zu haben.

Damit will ich nicht leugnen, daß es protestantische Traditionen gibt, die Menschen beschädigen. Aber die Einwilligung darin, in Gebrochenheit und als Fragment zu leben, wo die Ganzheit nicht möglich ist, ist doch etwas anderes als der Zwang zur Gebrochenheit, über den wir gesprochen haben. Es wäre ja schön, wenn wir ganz wären. Es wäre ja schön, wenn wir alle wie Franziskus wären. Aber das sind wir nicht. Ich will es einmal an einem kleinem Beispiel sagen: Als ich einmal mit evangelischen Pfarrern gearbeitet habe, da haben sie in einem Gottesdienst das Vaterunser gebetet. Einer der Pfarrer hat nicht mitgebetet. Ich fragte ihn nachher, warum er geschwiegen habe. Er sagte mir: Das konnte ich nicht. Sie haben zu schnell gebetet, und ich konnte nicht mit meiner ganzen Existenz hinter jedem Wort stehen. Statt dessen hat er dann lieber nicht gebetet. Das sind Perfektionszwänge, die keinen Selbsthumor mehr zulassen. In Gebrochenheit leben, das heißt ja nicht, sich an der Gebrochenheit genüßlich zu erbauen. Es gibt eine negative protestantische Genüßlichkeit im Unglück und in der Verwundetheit, das gebe ich zu. Doch ich glaube, daß Ganzheitszwänge immer etwas Gewaltsames in sich haben, und zwar etwas Gewaltsames sich selbst und den anderen gegenüber.

Sölle:

Der alte Karl Rahner hat einmal über das Gebet gesagt, daß es ein Sichvorwegsein in der Gebärde sei. Das hat mich sehr beeindruckt. Ich nehme das auf, was du sagst, und will es weiterführen, wenn ich sage, daß ich beten kann, weil ich mich auch überspringen kann. Was dieser Perfektionist da gemacht hat, hat mit der Ganzheit, die ich suche, überhaupt nichts zu tun. Das ist ein Esel, der sagt: Ich bin jetzt nicht ganz und darunter versteht er eben diesen Perfektionismus. Das ist sicher falsch. Ich würde aber wirklich lieber das Wort Perfektionismus wählen als das Wort Ganzheit. Ich habe mich daran gestoßen, als eben von Ganzheitszwängen die Rede war. Das ist für mich ein Widerspruch in sich selbst. Ich denke jetzt an ein Lied: „Ich singe dir mit Herz und Mund, Herr meines Lebens Lust." Soll denn ein Teil meines gebrochenen Seins nicht mitsingen?! Ich meine, selbst wenn ich das vielleicht aus irgendeinem Grund in einer bestimmten Situation nicht kann, dann kann ich mir immer noch „vorweg sein in der Gebärde", weil ich von dieser Tradition getragen bin, weil ich ihr vertraue, weil ich schon einmal mit ihr positive Erfahrungen gemacht habe, auf die ich mich zurückberufen kann auch dann, wenn ich selber vielleicht auch nicht ganz, unheil bin. Diese Kraft sollte mir der Glaube geben. Wir leben - ich sage ja nicht wir leben im Schauen, sondern ich sage, wir leben im Glauben. Wenn ich also „Ich singe dir mit Herz und Mund" nicht mit ganzem Herzen mitsingen kann, dann singe ich es eben so flau wie eine normale protestantische Gemeinde, wenigstens das!

Steffensky:

Ja, und das ist auch ganz richtig. Man muß die Kraft zur Halbheit haben, wenn die Ganzheit nicht erreichbar ist. Das ist keine Halbherzigkeit, sondern bedeutet, mit der Gebrochenheit einer Situation zu rechnen. Die Ganzheit wird sehr oft, gerade in neuen religiösen Bewegungen, als augenblickliche Ganzheit verstanden. Was du jetzt gesagt hast, heißt ja, die augenblickliche Halbheit zu überspringen in eine Ganzheit von Morgen. Ich will dazu ein Beispiel erzählen: Daniel Berrigan, der amerikanische Friedensarbeiter, hatte einmal Streit mit anderen Friedensgruppen. Der Streit war heftig. Eigentlich war vorgesehen, am Abend die Messe zusammen zu feiern. Eine Gruppe hat die gemeinsame Messe verweigert. Es hat Berrigan ungemein bestürzt, daß diese Menschen auf ihrem Augenblick bestanden, auf ihrem Streit und unfähig zu dem Vorgriff auf morgen waren. Das hätte ja die gemeinsame Messe trotz des Streites bedeutet. Das meine ich eben mit der Unfähigkeit, mehr zu denken, als den Augenblick.

Glück-Wünsche

Sölle:

Ich möchte noch ein anderes Stichwort nennen, das auch an dem Themenkreis noch etwas weiter arbeitet. Derselbe Rahner hat gesagt: Das Christentum der Zukunft wird mystisch sein oder es wird nicht sein. Ich halte das für vollkommen richtig. Vielleicht war ich von dem Ausdruck „Ganzheitszwang" deswegen verletzt, weil er fast eine Kritik an der mystischen Sehnsucht der Menschen enthält, endlich wirklich ganz zu sein. Irgendwann einmal mich ganz zu öffnen, ganz zu beten. Ich glaube, ich kann dieses Mitbeten, ohne ganz da zu sein, nur dann tun, wenn ich auch einmal selber ganz gebetet habe; wenn ich das kenne, mystisch gesprochen, wenn ich ein Ganzsein erfahren habe. Wenn ich noch nie in meinem Leben ganz gesungen oder gebetet, sondern immer noch Nebenabsichten hatte, dann kenne ich das „sunder warumbe" Meister Eckarts nicht. Das ist doch Ganzsein: daß ich etwas tue, ohne Zwecke damit zu verbinden oder ohne mich zu beobachten. Diese Art von wirklicher Ganzheit und diese Sehnsucht nach der Mystik, ist doch das, was die Menschen treibt. Vielleicht geht diese Sehnsucht fehl und führt in flache Ganzheitszwänge oder Perfektionszwänge. Aber der Wunsch danach, etwas zu erfahren und nicht nur etwas übergestülpt zu bekommen, da drin zu sein und nicht nur davon gehört zu haben, beteiligt zu werden und nicht nur als eine Art Ideologie irgend etwas von seinen Eltern erzählt zu bekommen, diesen Wunsch finde ich vollkommen legitim.

Mettner:

Ich möchte noch einmal auf den Begriff „Glück" zu sprechen kommen. Die Frage des Glücks spielt nach der genannten Studie von Heiner Barz die entscheidende Rolle im Religionsverständnis heutiger Menschen. Zum entscheidenden Kriterium für die Auswahl des einzelnen aus den Angeboten auf dem religiös-weltanschaulich-seelentherapeutischen Markt ist die Frage nach dem Glück geworden. Barz: „Alles wird ausprobiert und nach Maßgabe seiner Nützlichkeit für das eigene Wohlbefinden selektiert. Das persönliche, private Glück ist zur einzigen Instanz geworden"; „Nicht was Gott befiehlt, auch nicht was jeder tun könnte und sollte, sondern was die je individuelle, biographische, historische, gesellschaftliche Situation dem einzelnen zwecks Glücksoptimierung nahelegt, soll das Handeln bestimmen." Es hat sich ein pragmatischer Umgang mit religiösen Orientierungen beziehungsweise religiöser Semantik entwickelt.

Was ist Glück für Sie?

Steffensky:

Wo die Optimierung des eigenen Glücks die grundlegende Bestimmung des Handelns ist, da kann es nur Enttäuschung und Unglück geben. Bestimmte Dinge findet man nur, wenn man sie nicht sucht; dazu gehört das Glück. Wann bin ich glücklich? Wenn ich mich verliere in der Liebe zu einem Menschen; wenn ich mich versenke in die Schönheit eines Bildes; wenn ich nicht *mich* wahrnehme, sondern die Stille des Waldes. Zum Glück gehört also ein Stück Weggehen von sich selber; eher also Selbstvergessenheit als die Selbstversessenheit. Glück ist Verbundenheit, also eben nicht die unverbundene Selbststeigerung, die alles andere benutzt zur eigenen Optimierung. Wo man das Leben so organisiert, daß man sich selber Ziel und Maßstab ist, da kann nicht mehr als Verzweiflung herauskommen.

Sölle:

Vor vielen Jahren habe ich einmal geschrieben, daß ich Jesus für den glücklichsten Menschen halte, in „Phantasie und Gehorsam". Dieser kleine Satz wurde in vielen Religionslesebüchern wiederholt, meist ohne Begründung oder Deutung, rein plakativ, sehr zu meinem Ärger! Er enthält natürlich eine Kritik an allen möglichen Glücksvorstellungen, z. B. der kleinbürgerlichen von Gesundheit als dem höchsten Gut, gepaart mit Zufriedenheit und harmonischem Familienleben. Aber auch das sich gegenwärtig durchsetzende Verständnis von Autonomie und Selbstverwirklichung wäre für mein Empfinden eine Nummer zu klein.

Jesus war der glücklichste Mensch – das ist, was die Tradition mit dem Ausdruck benennt „er war Gottes Sohn", eins mit dem Vater im Wollen und Handeln, ja im Sein. Nichts trennte ihn von Gott, niemand konnte zwischen Gott und ihn treten. Gottes Angesicht „leuchtete über ihm", wie die Bibel das ausdrückt; dieses Leuchten, das ist Glück.

Ich verstehe das alles nicht exklusiv, als sei das nur für diesen einzigartigen Jesus so gewesen. Das hat er nie so gewollt. „Seid vollkommen, wie Euer himmlischer Vater vollkommen ist", sagt er, ein Satz aus dem Evangelium, den viele protestantische Exegeten zu entwichtigen, zu ermäßigen sich alle Mühe geben. Es war nicht das Interesse Jesu, einzigartig und geschwisterlos zu sein, das ist eine Verschiebung, die aus dem patriarchalen-hierarchischen Denken kommt. Gemeint ist: wir alle sind dazu berufen, im gleichen Sinn „glücklich", ungetrennt, wiedervereinigt mit Gott zu sein, so zu leben, daß „das von Gott", wie die Quäker sagen, das in uns ist, sichtbar wird. Vielleicht haben viele das schon einmal erlebt, daß „das von Gott" in einem Menschen aufstrahlt, daß wir Liebe werden und nichts anderes heißt ja, daß Gott in uns geboren wird.

Mettner:

Als die für die jungen Erwachsenen subjektiv wichtigsten Säulen des individuellen Glücks hat Heiner Barz identifiziert: bewährte Freundschaft, Geborgenheit in der Partnerschaft/Familie, gehobener Lebensstandard, Freiheit und Selbstkongruenz, Zufriedenheit im Beruf.

So berechtigt diese Lebenswünsche nach Glück sind, so alarmierend ist aber seine Feststellung, Jugendliche würden in der großen Mehrheit soziales und politisches Engagement nur noch beziehungsweise vor allem als „Wichtigtuerei" bewerten. Entspricht das Ihren Erfahrungen?

Sölle:

Dieses Ideal entspricht mit seiner individualistischen Grundtendenz genau dem der modernen Unternehmensberatung. Ich habe hier ein Zitat von Werner Schaal, das Buch heißt „Die ganzheitliche Personalarbeit" (Heidelberg 1992) zum Thema „Selbstverwirklichung". „Der Selbstverwirklichung liegt die Erfüllung der Triebe: Besitztrieb, Behauptungs- und Dominanzstreben, Kontaktstreben, Betätigungsdrang, Geltungsstreben und Selbstwertstreben zugrunde." Alle diese Triebe müssen nicht, wie Freud noch dachte, unterdrückt oder doch gezähmt, sublimiert oder eingebunden in ein größeres Ganzes werden, sondern können sich in dem, was die Geschäftswelt die „philosophy" der Unternehmen nennt, frei entfalten. Die jungen Leute der Studie entsprechen dem ziemlich genau. Selbstverwirklichung und Unternehmensinteresse sind keine Gegensätze mehr, sondern ergänzen sich. Kein Zufall, daß der Besitztrieb als erstes genannt wird und ohne Scham, ohne Hemmung dem Selbstwert dient.

Was wir hier sehen, ist das Ende der jüdischen und christlichen Tradition, die Gott immer mit Gerechtigkeit zusammengedacht hat. Und damit hat sie sich an den Opfern der jeweiligen Gesellschaft orientiert. Vor unsern Augen stirbt die Gerechtigkeit, zerfallen Werte wie Solidarität oder auch Barmherzigkeit. Das geht so weit, daß auch im Bereich der christlichen Tradition Umdeutungen im Interesse der Selbstverwirklichung vorgenommen werden. Das zentrale Gebot, den Nächsten zu lieben, wird in den neueren Auslegungen ausschließlich bezogen auf seinen erklärenden Zusatz: „wie dich selbst“. Problematisiert wird nicht mehr, wer denn die Nächsten sind, seien sie in Bosnien oder die Obdachlosen am nächsten Bahnhof, sondern die mangelnde Selbstliebe und Selbstachtung. Sie muß durch Innenarbeit, die einen absoluten Vorrang vor Außenarbeit hat, erst hergestellt werden.

So richtig das ist, daß ohne Selbstachtung, Selbstwertgefühl niemand eine Beziehung zum anderen haben kann, so falsch scheint mir die in der Psychokultur verbreitete Annahme, daß es sich um ein Erst-dann handelt. Erst muß ich mit mir selber ins reine kommen, dann kann ich mich eventuell auch mal um meine Geschwister, die Bäume oder das Wasser meiner Enkel kümmern! In dieser für die Erste Welt sehr typischen Aufteilung werden zwei Dinge auseinandergerissen, die in der Bibel immer zusammengehören: Heilung und Befreiung. Der Samariter geht nicht erst zu seinem Therapeuten, ehe er sich über den am Boden liegenden Zusammengeschlagenen beugt.

Mettner:

Während einer Tagung zur Frage „Jugend und Religion" haben Theologinnen und Theologen angesichts dieser Ergebnisse gesagt: Für die soziale Rolle von Religion kommt es entscheidend darauf an: Religion muß als Kultur und Symbolik der Lebenswünsche nach Glück, Liebe, Geborgenheit, Gerechtigkeit, Wahrhaftigkeit und Authentizität verstanden werden. Religion muß wieder zu einer Art „Lebensmittel" werden. Unser Glaube muß auf das tägliche Brot zum Überleben bezogene Hoffnungen ermöglichen. Um der „Verdunstungsgefahr" jüdisch-christlicher Glaubensinhalte und Handlungsorientierungen im Supermarkt postmoderner Religiositäten und Weltanschauungen etwas entgegen zu setzen, müssen wir das wieder erfahrbar und konkret zusammenbringen, was ohnehin zusammengehört: Den Glauben und den „Wunsch ganz zu sein und anders zu leben", wie Dorothee Sölle es einmal formuliert hat. Ein Wunsch, der offensichtlich parallel zu den Ängsten vor den Gefahren der Risikogesellschaft (Ulrich Beck) wächst, der Verwüstung der Mitwelt, der gesellschaftlich grassierenden Gewalt, u. ä. Anders, theologisch gesagt: Jede Religion, jeder Glaube muß sich auf den „Innenraum des Menschen" (Eugen Drewermann) einlassen und psychisch integrativ wirken, gegen die vielseitigen Entfremdungen, gesellschaftlich verursachten Lebensbeschädigungen und -verletzungen. Und sie muß dies mit der jüdisch-christlichen Verheißung des Reiches Gottes, der Heilung und Befreiung von Mensch und Mitwelt konstitutiv verbinden.

Stimmen Sie dem im Kern zu? Was würde das konkret bedeuten?

Steffensky:

Mich stört, daß Religion da so viel „muß". Sie muß die Ganzheit und Authentizität garantieren, sie muß sich auf den Innenraum des Menschen einlassen und psychisch integrativ wirken etc. Mich stört die Verzweckung des Glaubens, und am liebsten würde ich sagen, daß Religion gar nichts muß, so wie Poesie nichts muß und zerstört wird, wenn sie in den Dienst eines Programms gestellt wird. Wogegen ich mich hier wende, ist der problemorientierte Religionsgebrauch, der zunimmt. Ich finde ihn in Predigten, ich finde ihn im Religionsunterricht, ich finde ihn in seelsorgerlichen Beratungsvorschlägen. Der Glaube gerät in den Dienst psychischer Gesundheit, in den Dienst der Moral, in den Dienst der Politik. Auch das ist eine Form von Religionsferne und Religionsverlust, sich der Religion nur noch zu bedienen. Der so verwendete Glaube wird sicher schnell „verdunsten".

Religion soll „psychisch integrativ wirken", oder sie soll verschwinden! Wenn ich mir die großen und leidenschaftlichen Figuren aus der jüdisch-christlichen Tradition ansehe, dann waren sie ja durch ihren Glauben nicht gerade psychisch integriert: Amos, Franziskus, Elisabeth von Thüringen, Martin Luther King. Sie sind ja eher tief verwundet durch ihren Glauben. Vielleicht macht jede Gottesbegegnung doch eher, daß man mit sich selbst zerfällt. Was nicht verletzen kann, ist auch nichts Ernsthaftes. Aber gerade dahin will man den Glauben kastrieren, daß er ungefährlich wird – harmlos!

Mettner:

Wir haben schon darauf hingewiesen, daß die gesellschaftskritischen Bewegungen, die Friedens-, die Ökologiebewegung, die Menschenrechts- und Dritteweltgruppen in letzter Zeit an Personalmangel leiden, daß sie immer kleiner und leiser werden. In den Diskussionen über die Ursachen für dieses Zurückgehen des gesellschaftspolitischen Engagements wird immer wieder eine „neue Innerlichkeit", ein neuer Narzißmus beklagt, werden Esoterik, Psychoboom für diese Entwicklung verantwortlich gemacht. Sehen Sie das ähnlich?

Sölle:

Es ist, als seien alle unsere Träume von der Einheit von „lutte et contemplation", wie Roger Schutz das formuliert hat, zerstoben. Innen- und Außenarbeit fallen noch einer weiteren sinnlosen Arbeitsteilung zum Opfer. Wie können sie wieder zusammenkommen, wie kann das, was uns trägt und nährt, auch im Handeln, bis in die Strategien unseres Überlebens hinein sichtbar werden?

Mir fällt dazu eine jüdische Geschichte ein, die ich aus dem Gedächtnis wiedergebe:

„Rabbi Sussja kommt zum Himmel. Er hat alle Gebote erfüllt, sein Name ist ins Buch des Lebens eingeschrieben, da fragt ihn Gott nach der Stadt, aus der er kommt.

‚Hat sich dort nicht ein schreckliches Blutbad zugetragen?'
‚Ja, es war entsetzlich.'
‚Hast du etwas dagegen getan?' fragt Gott.
‚Hätte es denn etwas genützt?' antwortete Sussja.
Gott sagt: ‚Das weiß ich nicht – aber dir.'"

Das Verhältnis von Innen- und Außenarbeit in dieser Geschichte ist nicht das unter uns übliche des Erst-dann. Nicht: erst muß ich mich um Selbstklärung bemühen, meine Selbstverwirklichung suchen und nach Vollkommenheit streben, dann wird Gott mir gnädig sein. Nicht: erst die Therapie und dann die Befreiung. Nicht: Gott ist vor allem der Therapeut der einzelnen Seelen. Statt dessen wird die lästige Frage nach den häßlichen Zuständen in deinem Viertel gestellt. Nicht das Selbst ist die letzte Größe für die biblische Auffassung vom Menschen, sondern die Beziehung. Wie Martin Buber gesagt hat: Am Anfang war die Beziehung.

Ich vermute eigentlich, daß Selbstwertgefühl, Selbstvertrauen gerade nicht aus einer Selbstzentrierung auf das „Ich bin schön, ich bin gut, ich bin die Göttin" entstehen, sondern durch die Erfahrung des Gebrauchtwerdens. Wie Brecht sagte „Denn alle Kreatur braucht Hilf' von allen." Das ist heute noch viel wahrer als Brecht sehen konnte; auch die Fische und Bäume schreien ja heute um Hilfe gegen die neueste Autobahn.

Steffensky:

Daß man den Satz „Alle Kreatur braucht Hilf' von allen" sprechen und glauben kann, dazu ist allerdings viel „Innenarbeit" nötig. Es ist ja kein selbstverständlicher Satz. Er ist selber ein Glaubenssatz. Viel selbstverständlicher und natürlicher scheint es zu sein, die übrigen Kreaturen in Dienst zu nehmen, sie wie unsere eigenen Sklaven zu behandeln und sie zu benutzen. Wo lernt man eigentlich die Wahrheit „Alle Kreatur braucht Hilf'"? Wo bilden sich solche Visionen, und wo bildet sich ein Gewissen, das nicht zuläßt, daß die übrige Kreatur nur noch zu unserer eigenen Beute wird? Wir haben keine Zeit mehr, den Umweg über die Innerlichkeit zu vermeiden. Wir haben keine Zeit mehr, uns selber die Geschichten, die Lieder und Gebete zu verschweigen, die die Verbundenheit des Lebens bezeugen. Gebet, Meditation, Lieder, Erzählungen und Gottesdienste – es sind „Bildungsformen", die uns langfristig einführen in den Glaubenssatz, daß alle Kreatur Hilfe braucht. Er hält sich auf die Dauer nicht als rein moralischer Appell. Er hält sich als gebeteter, meditierter, gesungener und in Gemeinschaft mit anderen gehörter Satz. Es wäre schön, wenn man bald nicht mehr sagen müßte: Die Frommen sind nicht links, die Linken sind nicht fromm!

Mettner:

Wie kommen Sie eigentlich mit solchen Sätzen der Tradition zurecht, die den Zweifel nicht zu kennen scheinen? „Wir wissen, daß wir vom Tod in das Leben gekommen sind; denn wir lieben die Brüder", heißt es im 3. Johannesbrief. Ist ein solcher Satz mit seiner Gewißheit nicht eher eine Zumutung in ungewissen Zeiten?

Sölle:

Es ist eine Zumutung, so verstehe ich den Satz auch. Und trotzdem kann man nicht hinter diesen Satz zurück gehen, also man kann sich diese Zumutung nicht ersparen. Ich glaube, das Christentum sagt jedem Menschen: Du bist wahrheitsfähig und du bist liebesfähig. Laß dir nicht einreden, daß du es nicht so genau wissen könntest, du weißt es, „es ist dir gesagt Mensch, was gut ist".

Wir können wissen, was der Wille Gottes ist. Das ist die reine allgemeine herrschende Verunklarung, die das leugnet – und zwar mit guten Interessen. Ich denke, daß diese Art von Gewißheit eine Frucht des Glaubens ist.

Steffensky:

Was mich an dieser Art Sätzen so positiv reizt, ist eigentlich ihre Frechheit. Was ich von mir weiß, ist ja meistens nicht, daß ich vom Tod zum Leben gekommen bin. Ich weiß von mir, daß ich an vielen Stellen im Tod stecke. In einem Tod, den ich mitverursache, in einem Tod, der von anderen verursacht ist. Und das finde ich das Wesen religiöser Sprache: Sie sagt nicht, was zu sagen ist und was man schon an der Gegenwart ablesen kann. Sie überholt den Augenblick, indem sie seine bessere Wahrheit nennt. Ein religiöser Satz, der nicht einen Freund oder einen Feind hat, für den oder gegen den er spricht, ist eigentlich kein richtiger religiöser Satz. Und wenn man einen solchen Satz spricht, in den eigenen Zweifeln, Unfähigkeiten oder Lebensniederlagen, dann hat er die Poesie der Frechheit.

Man widerspricht in dieser Sprache der eigenen Hoffnungslosigkeit und dem Unglauben. Man macht sich selber widersprüchlich, indem man nicht stimmig in der Hoffnungslosigkeit bleibt.

Eigentlich hat ja der Unglaube bessere Argumente für sich, wenn man das Leben mit offenem Auge ansieht. Gegen diese Argumente des Unglaubens eine solche Sprache zu haben, das ist die produktive Widersprüchlichkeit.

Sölle:

Diese Unverschämtheit, diese Frechheit ist ein zentrales Element mystischer Sprache und die Orthodoxien aller Länder und Religionen haben sich immer gegen diese „mystischen Unverschämtheiten", wie Karl Barth über Angelus Silesius gesagt hat, aufgelehnt, weil sie darin das herrschaftskritische Element erkannt und gespürt haben.

Wie ernähren wir unsere Träume?

Mettner:

Fulbert Steffensky, Sie haben sich für einen Aufsatz einmal die zentrale Frage gestellt: „Wie ernähren wir unsere Träume?"

Steffensky:

Wie ernähren wir unsere Träume? Ich möchte als Beispiel den Widerstand gegen das Atommüllager in Gorleben nennen. Die Gegner der Regierungspläne haben „gebetet" und gearbeitet. Gebet verstehe ich in einem weiten Sinn. Sie haben sich poetisch-spielerisch verhalten. Sie haben in feierlicher Proklamation die „freie Republik Wendland" ausgerufen. Sie haben Pässe für diese freie Republik ausgegeben. Sie haben meditiert und gebetet im wörtlichen Sinn. Sie haben ein Kulturhaus und eine Kirche auf dem Bohrplatz gebaut, obwohl sie wußten, daß ein paar Tage später der Platz geräumt würde. Sie haben im Unglück und in der Bedrohung schon das glückende Leben gespielt. Menschen haben ihre Träume aufgeführt, ihnen in Spiel, Gebet und Meditation eine Gestalt gegeben. Und darin wurden sie sich selber gewiß in dem, was sie wollten. Sie haben sich eingeübt in dem Glauben daran, daß das Leben möglich sei; eingeübt im Glauben an das Paradies.

Sie haben aber auch gearbeitet. Sie haben die Lage analysiert, sie haben Eingaben gemacht, sie haben mit Politikern diskutiert, sie haben die Strapazen von Demonstrationen und Besetzungen auf sich genommen. Nichts überzeugt einen mehr von der Richtigkeit einer Sache, als daß man daran arbeitet. Man kann keine Lebensgewißheit und keine Hoffnung *vor* der Arbeit haben. Und so ist Hoffnungslosigkeit vielleicht ein anderes Wort für Faulheit. Nicht an etwas arbeiten, heißt auch, keinen Glauben daran haben, daß etwas gelingen kann.

In diesem Sinn brauchen die Träume, wenn sie langfristig bleiben sollen, Gebet und Arbeit; Spiel und Kampf, die Innerlichkeit und die Aktion.

Mettner:

Ich finde in Ihren Büchern immer so irritierende Sätze, wie zum Beispiel: „Gott träumt jeden Menschen." Eben haben Sie das Wort Paradies gebraucht. Hat dieser Begriff noch eine Relevanz für Sie?

Steffensky:

Es gibt bestimmte Begriffe, die man nur im Gebet benutzen kann und die im Gebet wahr sind. Wenn man darüber spricht, haben sie ihre eigene Gefährlichkeit. Ich will es trotzdem versuchen. Das Bild Paradies muß auch ein Stück Aussagbarkeit außerhalb des Gebetes haben. Mir sind dabei zwei Aspekte wichtig, der erste: Wir kommen irgendwo her, wir sind nicht in eine blinde Eisigkeit geworfen, das Leben ist kein grotesker Zufall, sondern wir sind gewollt, wir sind gerufen, man hat uns einen Platz gemacht, wir sind Geschöpfe und Kinder der Liebe. Wir haben einen Ursprung, und dieser Ursprung war gut. Damit verbunden ist der zweite Aspekt des Bildes Paradies: Wir haben eine Zukunft, die gut sein wird. „Es wird einmal sein", haben die Armen immer gebetet und gesungen und singen sie heute noch. Es wird einmal sein, daß alle Tränen abgewischt sind. Dieses „Es wird einmal sein" ist die Erwartung des ganzen Lebens. Auch das ist ja ein Stück Frechheit, trotz der Niederlagen der Gegenwart alles zu erwarten und mit nicht weniger als den abgewischten Tränen für alle zufrieden zu sein. Ich glaube, daß diese Erwartung „Es wird einmal sein" zusammenhängt mit der Berufung auf dieses „Es war einmal", mit der Berufung auf den guten Anfang. Darum möchte ich dieses Symbol nicht aufgeben.

Sölle:

Ich möchte dazu von einem Gespräch mit unserem Enkel erzählen: Wir kommen auf die Geschichte vom Paradies und er hat gefragt, wann das war und wie lange das dauerte und so weiter. Dann habe ich versucht, ihm zu sagen, daß wir alle im Paradies waren, wir sind alle in Adam und Eva gewesen: Du warst auch im Paradies, vorher, ehe du in deiner Mutter Bauch warst, warst du schon in diesem Garten. Ich finde, daß ein Kind so etwas versteht. Diese Art der Beheimatung ist erfahrbar. Daß wir irgendwo herkommen, nicht aus irgendeinem zufälligen Nebel, und irgendwo hingehen. Dann möchte ich noch einen Satz aus einem Lied zitieren, das ich sehr gerne mag. Es drückt diese Gewißheit, das Wissen, daß wir aus dem Tod in das Leben gekommen sind, sehr schön aus. Es ist ein Weihnachtslied von Martin Luther. Dort heißt es: „Heut schleußt er wieder auf die Tür zum schönen Paradies, der Cherub steht nicht mehr dafür, Gott sei Lob Ehr und Preis". Wir sind nicht nur in der Falls- und Verfalls- und Elendsgeschichte beheimatet, sondern wir sind zur Liebe gerufen und geboren.

Ich habe das einmal in einem Gedicht zu sagen versucht:

Street flower

Am straßenrand blüht eine malve
eine knospe ist beinah offen
altrosa wird sie sein
vielleicht schon morgen

Hätt ich geduld
ich würde warten
hätt ich aufmerksamkeit
ich rührte mich nicht vom fleck
hätt ich frömmigkeit
hier würde ich niederknien

Vielleicht schon morgen
könnt ich sehen nicht nur glauben
wie es einem mitgeschöpf gelingt
am straßenrand zum blühen zu kommen

(Aus: D. Sölle: zivil und ungehorsam. Fietkau, Berlin 1990, S. 100)